引爆IP红利

—— 水青衣 焱公子◎著 ——

中国友谊出版公司

图书在版编目（CIP）数据

引爆 IP 红利 / 水青衣，焱公子著 . -- 北京：中国
友谊出版公司，2022.1

ISBN 978-7-5057-5382-2

Ⅰ . ①引… Ⅱ . ①水… ②焱… Ⅲ . ①品牌营销
Ⅳ . ① F713.3

中国版本图书馆 CIP 数据核字 (2021) 第 257452 号

书名	引爆 IP 红利
作者	水青衣　焱公子
出版	中国友谊出版公司
发行	中国友谊出版公司
经销	新华书店
印刷	河北鹏润印刷有限公司
规格	880×1230 毫米　32 开
	9 印张　177 千字
版次	2022 年 1 月第 1 版
印次	2022 年 1 月第 1 次印刷
书号	ISBN 978-7-5057-5382-2
定价	58.00 元
地址	北京市朝阳区西坝河南里 17 号楼
邮编	100028
电话	(010) 64678009

前言 1

焱公子

当我们谈个人 IP 时，无非就在谈 3 件事

美国管理学家汤姆·彼得斯曾说："21 世纪的工作生存法则，就是建立个人品牌。"他认为，不仅企业、产品需要建立品牌，个人也需要建立品牌。拥有个人品牌的人，能进一步扩大与他人的差别，从而增强竞争力与标识度，让自己更易脱颖而出。

品牌大师艾尔·赖兹从数百位成功人士的案例中，探索他们成功的秘诀，亦领悟到一个真理：个人即产品。成功的产品能风靡市场、备受青睐，成功的个人同样能备受大众喜爱，从而创造出巨大的财富。而所谓成功的个人，即"有鲜明的、系统化品牌的个体"。

我们最大的幸运，就是身处当下和平年代和信息时代，每个普通人皆可更自由、更开放地表达自己，每个人的声音也更容易被传播和被听见。

正如微信公众平台的那句口号：再小的个体，也有自己的品牌。

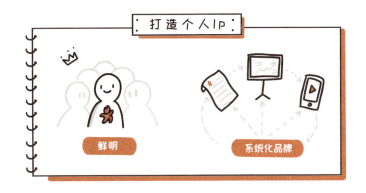

在我的线下课程"IP 引爆增长"中，我通常会问大家的第一个问题是："对你来说，打造个人 IP 能带来什么？"

大多数人想要打造个人 IP 并不是为了打造本身，他们更看重的，从来都是它能带来什么。所以，学员的回复一般都聚焦于几个关键词：流量、变现、影响力、为产品和品牌赋能等。为了能更好地实现这些目标，我们首先应该重新理解，何谓个人 IP ？

如果把"IP"这个词单独拿出来，它的指向是非常清晰的，即"Intellectual Property"的缩写，中文翻译为"知识产权"。从广义上讲，所有由人类智力创造或发明的产物，都可称为知识产权（IP）。一部小说、一部影视剧、一个人工智能，甚至一台电冰箱，都是 IP。

而当 IP 的前面加上了"个人"二字，它的意含侧重点，就由物变成了人。

让我们回到几千年前，从一个著名的老人家身上寻找答案——

◎ 这个老人家，是一个著名学派的创始人。

◎ 他有一部由后人整理、流传了 2500 年的巨著。

◎ 他门下弟子三千，贤者七十二人。

......

当我写到这里，大家心里一定有了一个统一的答案：孔子。他创立的学派，是儒家学派；那部由后人整理的巨著，自然是《论语》。作为从古至今的顶流 IP，从孔子身上我们可以看到，他的个人 IP 打造之路，是非常清晰的：

他作为儒家学派创始人（IP）

↓

通过传播儒家思想（内容）

↓

影响了一大批愿意传承儒家文化的受众（连接）

所以，孔子教会了我们什么？

打造个人 IP，即经由精准内容，连接明确受众的过程。

当我们谈个人 IP 时，最终的落地点，就是谈 3 件事：

✓ 一、做内容；

✓ 二、促连接；

✓ 三、找受众。

本书，我们将围绕这 3 项内容，以 5 个模块、上百个鲜活案例，跟大家详细阐述普通人从 0 到 1 打造个人 IP 的所有关键点，给你一套快速孵化个人 IP 的落地解决方案。

前言 2

水青衣

IP 变现，共同富裕

01 好 IP 就是超级掘金池

一个只有 2500 粉丝的公众号，平常的阅读量是一两百。在停更一年后，突然发出一篇文章，一发布就拿到 10 万 +。这是一种怎样的体验？

2018 年 9 月 10 日，我们在公众号"焱公子"发布了《离开华为三年，我才真正认同狼性文化》，得到包括创业邦、插座学院等大号转载，在 48 小时内迅速拿到了 10 万 +，之后，有超过1000 家的公众号来请求转载。文章还在知乎登上热榜，一路飙升，登顶 NO.1。

一个名不见经传的公众号，一夜之间，粉丝量从 2500 涨至 3 万。从来没有盈利过的它，更是获得广告商的青睐，接下了第一条价格不菲的财商课程广告。

这次事件，是我策划设计出来的。

很多朋友非常羡慕，觉得我跟焱公子真幸运，一次就成功了。

他们追问，到底是怎么做到的?

与其说是幸运，我更愿意相信，所有的奇迹都有另一个名字——努力。

2017 年以前，我在体制内工作，主要负责一个叫"鱼峰歌圩"的文旅大 IP 打造。它是国家级非遗项目，围绕着人人熟知的刘三姐山歌，推广歌圩（唱山歌的聚集地）文化，开展民族民俗传承，推出诸多如民俗文化基地打造、民俗文化校园、全国山歌邀请赛、传统民俗校本教材等项目建设，是一个百亿级别的大 IP。

辞职后，我接到了一个英语学校项目。校长来找我的时候，很苦恼。他说，学校前些年的确是"香饽饽"，但现在已不提倡过圣诞节等洋节，要大力弘扬传统文化，学校的英语优势与多年积累就变得可惜。在各类赛事与评选中，不仅拿不到名次，自己的底气也很不足，不敢提也不愿意提学校的英语特色。

经过仔细调研，我发现学校有地理环境优势，绝大部分家长来自广西。在历史上，骆越古国的范围就是北起广西红水河流域。璀璨夺目的骆越文化曾对东南亚文明乃至世界文明都产生过重大而深远的影响。

基于此，我给学校做了定位：左手传承，右手传播。传承骆越文化的精髓，去芜存精学习历史，深入了解广西壮族常见的铜鼓文化、龙舟文化、稻作文化等。每个学生都作为民族民俗文化的小使者，将广西家乡中古老又灿烂的骆越文化传播到世界各地。世界是个地球村，村子的通用语言自然就是学校的强项——英语。

据此，英语不必是校园特色，但却是不可或缺的传播工具。

定位理顺了，接下来的打造就好办了。学校利用之前的英语积累，按照传承与传播的方向，大力推进校园文化特色建设。因为民俗文化有特点，传播理念有新意，很快就成为教育系统的优秀 IP，全国各地来观摩来取经的兄弟校络绎不绝。

这个项目我能操盘成功，源于在体制内积累多年的 IP 打造实战经验，源于对定位的深刻理解。

之后，我接到了更多项目，印象最深的客户，是一个卖螺蛳粉的小姑娘。她对我说，她没有多少钱，所以也不想打造品牌，因为付不起费用。但是，她想尝试打造她自己。

那个时候，并没有个人 IP 的概念，我也从没有做过。但小姑娘的话带给了我思索，我喜欢创新，于是毫不犹豫接下了挑战。

小姑娘是卖袋装螺蛳粉的。2017 年的互联网还没有青睐螺蛳粉这个后来的"世界级大网红"，所以她卖得很艰难。

我在做前期了解时发现小姑娘喜欢追星。她的偶像是一名歌手。我问她，为什么想做袋装螺蛳粉？她说，因为从小妈妈就摆摊卖粉养她。有一次去看演唱会，来不及吃饭，就包了妈妈煮好的粉。才发现，原来就算是袋装，粉的美味也并没有变，于是顺理成章就开了一个小作坊。

做她的个人 IP 顾问后，我开始指导她输出内容。袋装螺蛳粉里有很多配料，像酸笋、腐竹、花生、豆角……我教她在偶像歌手的粉丝群里，每天像一个"美食小百科"一样跟粉丝分享什么样的笋是好的、怎么样炸腐竹好吃、花生如何能炸得更脆等小技巧。

再教她把歌手的粉丝导到自己的微信私域，然后平时的朋友圈就多发煮螺蛳粉、采买原材料，以及辛苦打包、发货的日常。同时连接上了微博一个几十万粉的博主，寄了粉请其试吃。博主吃完后赞不绝口，推荐给自己的粉丝朋友，不仅粉丝们下单，还引来了其他好几个百万粉丝的博主购买。因为小姑娘的螺蛳粉，都是自己煮自己吃的，这在圈子里获得相当大的好感。

通过一系列的指导带教，我打造出一个坦诚又接地气的 IP 形象，很快，全国各地的订单雪片式飞来，业绩暴涨。

在其他女生都花钱追星时，小姑娘靠着成功打造个人 IP，赚到了人生的第 1 个 100 万。这让我第一次感知到个人 IP 的意义：塑造价值，增加信任度，就能提升转化率。

在线下历练了一年多之后，2018 年，我接下了焱公子的个人 IP 打造。这是我的第一个纯线上 IP 打造项目。又是一次创新，又是一次挑战。

在明确职场博主的定位、选择通过在公众号输出内容圈粉、爆文造势推出 IP 后，我跟焱公子就开始了长达一个多月的调研。找选题、定内容、寻对标、做拆解……

如前文所言，在推出《离开华为三年，我才真正认同狼性文化》的那天，看着它的阅读量从 0 到 5000、1 万、3 万、6 万、9 万，数字不断攀升，每次刷新文章，数据都在急速增加，我俩的心也跟着一起急速躁动起来。

8

从平常的 100 阅读量到 10 万+；从没有接过广告，到广告商第二天就找上门……巨大的喜悦笼罩了我跟焱公子。

我的欢愉，来自于又突破了自己，也来自于再一次成功验证，我的 IP 打造方法论是有效的：

普通人打造个人 IP，本质上就是亮出独一无二的自己。及后，被关注、被认可、被信任，进而，获得粉丝，获得变现。

02 人人都能做个人 IP

几乎每一个来咨询个人 IP 打造的朋友，尤其是宝妈朋友，特别喜欢问一句话：我是一个普通人，没有资源、没有背景，能做个人 IP 吗？

我有一位 IP 客户陈璐，就是宝妈。之前自己创业，在线下开母婴店。疫情之后，线下生意骤减，被迫闭店，转型线上。她来找到我，说想打造个人 IP，通过提升自己的影响力来圈粉、销售产品，获得变现。在充分了解到她的特质是爱说善聊，喜欢跟人打交道后，我给她做了私域高成交教练的定位，通过直播形式，打造知识 IP 的人设。陈璐非常努力，从 0 开始死磕直播，到现在已坚持日播 300 多天。她做咨询、开培训、直播卖货，在短短 9 个月就做到营收百万。

我的私教学员睿希学舞蹈出身，是普通的职场妈妈。因为孩子生病不愿意吃药，经朋友推荐，连接了专注中医食疗的杜老师。经过食养，孩子的身体越来越棒。之后，睿希辞职，与杜老师合伙创业。5 年来,她深耕食疗文化,为数千家庭提供食疗食养方案。我们给睿希制定了创始人 IP 打造方案,通过打造她的人设,扩大公司影响力,让食养文化理念进入更多的家庭。

另一位私教学员黄胖紫,是一个来自乡村的男孩。他读了三次高三,只考上专科。26 岁时创业,勤恳努力,不断突围破圈、向上连接,通过打造自己的个人 IP,拿到人生中第 1 个 100 万。

他们都是普通人。他们在自己的圈子里,通过持续输出内容,收获了粉丝,成为 IP。

所以,做 IP,就是做坚持。

如果你是职场人,那就在自己的工作中打造个人 IP,努力让你的专业力被人看见。在职场里拥有个人 IP 的人,更容易收获领导赏识与同事的称赞,更有助升职加薪;

如果你是创业者,打造个人 IP 会让你有辨识度,容易在同行中脱颖而出。客户记住了你,就会记住你的企业、你的产品,从而大大增加合作机会；

如果你是全职宝妈，个人 IP 将是最好的副业放大器。你的兴趣爱好、你掌握的知识、你曾经参加工作的经验，都可以变成内容输出，吸引同频的粉丝，进而做商业转化。

假设，你觉得自己既没有兴趣拿得出手，又不是饱学之士无法分享知识，也没有太多工作经验可说，那么生活中的情趣与笑料、家长里短、晒娃做饭，都可以输出。

所以，做 IP，就是做自己。

拥有了个人 IP，你可以安静输出自己想输出的内容，等着被看见，被关注，也可以让客户不请自来。狄更斯说："这是最好的时代，也是最坏的时代。"在当下，打造个人 IP，提升影响力，普通人将迎来成就自己的最好时代。

在本书末，我们有一个专属页，是我和焱公子朋友圈中的 IP 朋友，他们都是 IP，他们也都是普通人。大家可以找到他们的介绍与联系方式，欢迎与他们聊一聊，你一定能收获很多普通人从 0 到 1 打造 IP 的经验。

人生之路，道阻且长。成为 IP，就是在无常世事里练就一身盔甲，成为一把剑，一座山，成为自己的武器和靠山。人人都能打造个人 IP，以期拥抱变化，顺势而上，抵达星辰大海。

最后，如果本书对你有用，也请你推荐给你最重要的人，让我们从定位到变现，一起做 IP，一起影响世界！

目　录
CONTENTS

第五章

变现：不打算变现的 IP 都是在闹着玩

水青衣、焱公子和他们的 IP 朋友

后　记

第一章

定位：找到你的超长板，找到离钱近的路

所谓人设，必须是基于你某个已有特质的放大，而不能凭空捏造。否则，"人设崩塌"是早晚的事。

◆　做命名：5 个原则，快速抓住特质，取个好名字

◆　立人设：你是谁，别人眼里的你又是谁？

◆　打标签：当你向别人介绍自己时，为什么他们总记不住？

每一个来做 IP 打造的朋友，我们都会先问他一个问题："你觉得自己最大的特点是什么？"

在他们当中，有的人会很懵，想了半天，答案是"我好像没什么特点"；也有人比较清楚，说自己"是个容易取得别人信任的人""是个执行力超强的人""是个很讨人喜欢的人"等。这些都是不错的答案，我们也百分百相信是真的，但当我们接着问："别人也是这样看的吗？"他们多数人就会立刻犹豫了。很多人最后摇着头说："那……倒不一定了。"

没错，你眼中的你，和别人眼中的你，未必能画等号。这就像一个演员会有多种荧幕形象，而真实的他究竟是什么样子，我们不得而知——某种程度上，可能也没那么关心。

演员对外呈现的，是依照剧本而建立的人物设定，也就是我们常称的"人设"。打造个人 IP，其实跟演员相仿，二者有异同之处。

与演员相同的是，每个 IP 都需要树立一个有特质的人设。而人设的特质是否鲜明，代表着 IP 是否有个性。在互联网时代，有个性，才有记忆点，你生产的内容才更容易被传播。

与演员不同的是，IP 的人设，只是为了让 IP 能更好地去做思想表达与内容输出。

所以，打造个人 IP 不是演戏，IP 要做到真实性与生活化兼具。个人 IP 的定位，既要与自己平时的状态息息相关，呈现出真实、真诚的状态，又要有鲜明的特质，让受众记得住。

一个好定位，是能让你的受众清晰知道：**你是谁，你是做什么的，你能提供什么价值**。

1.1
做命名：5个原则，快速抓住特质，取个好名字

打造IP首先会遇到的第一道坎是：我要取一个怎样的线上名字？

IP名字取得好，会自带传播效果。在相同的情况下，一个好名字对于IP影响力的提升是核弹级别的。在线下，大家都习惯用本名。而在线上，像在微信、小红书、抖音等平台，大家常常会取昵称。

在金庸的武侠江湖里，每一个栩栩如生的人物都有一个响亮又好记、还贴近特质的"诨号（外号）"。那么，IP们行走江湖，要怎样选择昵称？

IP怎样选择昵称

线下习惯用本名

武侠江湖有诨号

IP线上好名字的影响力

昵称命名 5 原则

从个人 IP 及品牌塑造的角度来看，想快速抓住特质做昵称命名，我们给大家总结了 5 个原则。

◎原则 1：易记忆

易记忆即：读起来顺口、听起来顺耳，没有生僻字、容易传播。

关于这一点，有个最简单的检验方法：你给朋友打电话，把这个昵称在电话里告诉他，同时让他写下来，看看能不能写对。

我们有个学员的昵称是"澋（jìng）溒（yuán）"。两个字都是生僻字。每次介绍自己时，她都需要特别强调："是三点水加'安静'的'静'，'名媛'的'媛'把女字旁改成三点水。"如若她不说，一般人都会写错。

必须承认，从"易记忆"的原则看，本书的两位作者中，"焱公子"这个昵称就没有"水青衣"好记忆、好传播。因为"焱"也是个生僻字，如果不是特别提示，很多人都会打成两个火的"炎"。

不过，公子一直没有改昵称，是因为"焱"字对他而言有着特殊意义，但是，这并不值得效仿。

◎原则 2：无歧义

无歧义即：你的昵称最好是指向明确的、不会产生多重释义。

在文学作品中，作家为了塑造人物形象或揭示人物命运，有时会用谐音给人物取名。最典型的例子，如《红楼梦》里的甄士隐（真事隐）、贾雨村（假语存）、冯渊（逢冤）等。这些名字，的确为作品增色不少。

但如果一个个人 IP 或品牌的名字采用谐音梗，极有可能出现和生僻字类似的情况：你的受众容易打错字，从而让传播受阻。

罗振宇就曾说过，他一开始做"罗辑思维"时，很多用户会容易打成"逻辑思维"。这给品牌传播带来了相当的难度。

再比如，假设今天淘宝、拼多多和京东都还处在起步阶段，你对它们一无所知，只是大概了解这三个都是能网购的电商平台，请问你会首选哪一个？

我们在学员中做过一份调查，90% 的人选择了淘宝或拼多多。究其原因，是这两个名字能让人第一眼就判断出这是个卖东西的平台，而不会产生理解上的歧义。

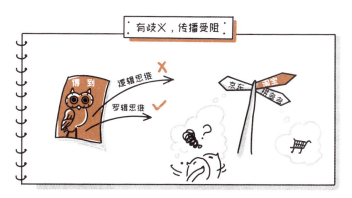

当然，现实中京东尽管没享受到昵称红利，排名依然前三甲。这也充分说明：一个好名字固然重要，但它也并不能决定你是否成功。

◎原则3：有属性

有属性即：从你的昵称里，能直接看出你的领域或行业属性。

这种命名方式非常简单，就是"你的名字＋行业／领域"。例如知名的自媒体人六神磊磊的昵称"六神磊磊读金庸"、主持人凯叔的昵称"凯叔讲故事"。

我们有两个学员，他们的昵称一个叫"小刀聊期权"，另一个叫"黄皓医生"。只看昵称，你就能非常清晰地知晓，这两人一个是专注做期权交易的，另一个是从事医疗行业的。

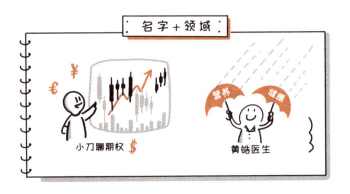

普通人运用原则3，可以轻松快速组合出合适的昵称。当然，这样命名也是把双刃剑：精准的昵称，更容易吸引精准的受众；但如果对方对你的领域毫无兴趣，也就相应地不会关注你。

◎原则4：有调性

有调性即：从你的昵称里，能看出你的态度与账号基调。

这种命名方式也很简单，就是"你的名字＋价值观（愿景）"。我们有一个学员，视频号昵称叫"丹丹很好听"。"丹丹"是学员的名字，她是一名声音教练，教人科学发声与声音美化。"很好听"是她的价值观，一来是想表达自己的声音状态；二来是希望所有人都能拥有美美的声音，心情愉悦、生活美好。她的短视频内容也大多都是对美好人生的描绘与倡导。

另一个学员"小海绵好好吃"，开始的昵称是"小海绵妈妈"，她是厦门大学毕业的，之后为了儿子小海绵能吃上放心的健康美食，上山养猪、养鸡，并开了一家美食小铺，只采用自家的原材料。水青衣给她定位农家美食亲子博主的赛道后，就帮她取了"小海绵好好吃"的昵称。她之后的视频，全部都是儿子小海绵出镜，拿着大棒骨或鸡腿，大口大口吃得很香，吃完后开心地笑着："好好吃！"同时，"好好吃"也体现了海绵妈妈要让儿子吃好、长高的心愿，体现了她想为千万家庭做健康绿色、"好好吃"的美食的梦想。

还有一个学员叫"四点卓老师"，她是一位自律的宝妈，也是一位在校的老师。因为要照顾两个孩子，没有太多个人时间，就每天4点起床读书写作。她的自媒体账号也主要分享读书写作类的内容，因此我们就指导她取了昵称"四点卓老师"。

"卓老师"是名字；"四点"，是她的调性。

焱公子有个小号叫"焱公子光芒万丈"，也是同样的命名原则。

相对而言，这样的昵称更容易吸引同频，但同时也决定了你的内容输出基调，甚至行为方式。

◎原则 5：人格化

人格化即：你的昵称就是个人名，不加任何后缀。

这是大多数人选用的方式，也是最符合个人 IP 的昵称命名方式，因为个人 IP 本意就指向人。比如秋叶大叔、李海峰、水青衣、焱公子。

很多自媒体号主的昵称，诸如"管理那些事""商界思维""创始人内参"等，我们能够一眼看出他们产出的内容方向，也同时能判断出这样的账号多半是以分享商界、名人故事为主的。但是，它们缺少人格属性。

没有人格属性的账号，跟受众的距离会比较远。因为受众看不到内容背后作者的轮廓，自然也就无法跟你产生除了欣赏内容以外的、更进一步的关系。

人格化昵称同样是把双刃剑，它的好处是可以更全方位地展示内容，毕竟人是立体的、多面的，但跟"有属性""有调性"的昵称相比，它不能让受众第一眼就看出你是干什么的、你能提供什么价值。相对来说，受众的注意力就没法那么聚焦。

要做好个人 IP 定位，第一步可以从取昵称开始。

综上 5 种命名方式，都能让你取到一个好听、好记、好传播的昵称，但不存在哪一种效果更好，哪一种可能会弱。IP 应根据各人的情况自定。

人生就是这样，时时要做出取舍，从来没有两全其美。

案例解析

我们有一个学员叫刘媛，她给自己取了个昵称：媛来宠你。

在焱公子的线下课"IP 引爆增长"上，他讲完"命名"这一知识点后，刘媛问："我昵称里的'媛来'，跟'原来'其实挺容易混淆，我要不要改名呢？"

焱公子请她说说过往的情况。

刘媛说，身边的朋友都接受了这个名字，自己也很喜欢。但如果是陌生人，尤其是打电话的时候，就需要特别强调，"媛"是"名媛"的"媛"。她问，如果自己在线上的昵称总是要去跟别人解释，会不会把事情弄复杂？要不要改回本名"刘媛"？

焱公子当时回复："看你自己。仅从昵称命名的 5 个基本原则来讲，或许是要调整的。可是，如果你实在很喜欢这个名字，我建议你保留。"

原则是死的，我们做个人 IP，需要有自己的态度和坚持。焱公子选择舍掉易传播的昵称带来的红利，坚持一个易出错的"焱"字，只是因为："我就是很喜欢。"

喜欢就要坚持，这是我们对生活应有的态度。

在打造 IP 的过程中，坚持"做自己"的态度，有时是很出彩的。因为，你对某事某物的正确坚持，会让受众因你的坚守更喜欢你。

本节总结

快速抓住特质为 IP 取昵称，有 5 个基本原则：易记忆、无歧义、有属性、有调性和人格化。

从 IP 打造和传播的角度出发，取名时可尽可能与 5 个原则匹配。但你若真心喜欢某个并不符合以上原则的昵称，也大可选择尊重本心。

因为，做那个独特的自己，并无不可。

保持独特，也是一个个人 IP 最终能脱颖而出的重要因素之 一。

1.2

立人设：你是谁，别人眼里的你又是谁？

人设是什么？

你自己在现实中什么样子，人设就是什么吗？

我们先来回答第一个问题。在互联网时代的今天，"人设"是指什么呢？在前文我们以演员为例做过一个简单的解释，现在再综合百度百科的释义，可以知道："人设"即人物设定，是指明星或公众人物在内容平台提前设定并演绎出的一个相对完整的人物，如"高颜值形象""学霸""女神"等。

第二个问题，你自己在现实中什么样子，人设就是什么吗？

这么说对，也不对。

先来看例子。如果你本身就是一个不自律、不能坚持锻炼的人，非要让你每天都早起锻炼，会感觉很痛苦，对不对？如果你本身就是一个不热衷社交、不喜欢跟人打交道的人，非要让你天天出入应酬场合，那相当于要了你的命，对不对？

所以，说它对，是因为**所谓人设，必须是基于你某个已有特质的放大，而不能凭空捏造**。否则，"人设崩塌"是早晚的事。

因此，千万不要做与自己人设不相符的事，你又不是个专业演员，但凡你"生造"出来的行为特质跟自身真实情况有一点差异，你就会难以坚持。

说它不对，是因为如同写小说一样，**人设定位应源于生活，但必须高于生活。**

你要塑造典型，就要刻意凸显主特质，把其他特质相应淡化。

在网络上，我们经常能看到某些"直男段子"。比如：一男子不体贴、情商低，常使用一个万能金句"多喝热水"，无论在任何场合，都能噎到女友。

我们相信，在现实生活中，没有哪个直男会那么一根筋。可是，在短视频里，你就得把"直男特质"夸张、放大到极致。因为只有这样，这个IP才更容易被受众感知到，大家才能迅速记住你是谁。

大部分人是不需要演段子的。打造IP，只是为了更多地被关注、被看见，进而能有商业变现、提升财富与影响力，所以一般人不愿意，也不会专门去选择类似"直男""绿茶"这样偏负面的展现。大家更倾向于选择正面的、与后端商业诉求或产品服务能产生衔接的特质。

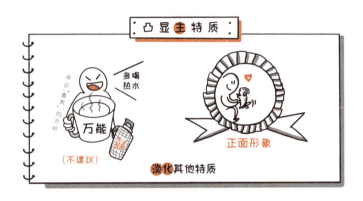

到此，可以定义，在打造个人 IP 中所说的"人设"是什么？

我们认为，**人设是基于你的明确诉求所构建出来的，你的某个可被用户感知的特质的放大。**

注意这里的 3 个关键词：诉求、特质、可感知。

◎ **诉求**，即商业诉求。若你没有变现考量，就没有必要做什么人设。

◎ **特质**，即你身上有的，又跟同行不大一样的地方。

◎ **可感知**，即你这个特质不是自己说了算的，而是用户能清晰感受并且认同的。

以上 3 点，最后一点，尤为关键。

你的人设不是由你说出来的，而是受众自己感受到的。

从个人 IP 打造的大方向来说，我们把人设主要归总为 3 类：专业型、靠谱型与讨喜型人设。

在做 IP 咨询时，我们的很多客户一听到这 3 类，就会直接对自己做出判断：

我是一个老师，自然是专业型的；

大家都很信任我，我就是靠谱型的；

我就是个开心果，当然是讨喜型的；

……

这些判断都太笼统了，都进入了一个误区：**用评价代替了事实**。如果你认为自己很专业、很靠谱、很讨人喜欢，那你做的事、提供的价值，是否也让受众产生了同样的感觉？

请牢记"**可感知**"三个字。人设的可感知，指的是受众自行感知，无须你赘述。

基于此，我们在做 IP 定位时，就可以得到"立人设"的基准线：

对受众来说，你是谁，没那么重要；他们认为你是谁，才更重要。

专业型

什么会让一个人看起来专业？

答案是：看他穿什么、干什么、说什么。

◎穿什么

很难想象医生给我们看病时，没穿白大褂，只穿一身休闲装；也很难想象房产经纪穿着背心和球裤兜售房子。

焱公子以前在华为时，若是没穿正装就给高层领导做汇报，一定会被扣工资。

☆一身得体的装扮，让你看起来专业。

◎干什么

人是一种习惯性偷懒的动物，尤其在互联网上，我们对人的第一印象，往往是通过固有标签得来的。所以，当我们看到教授、科学家、工程师、学者等头衔，很容易就能联想到他们是做什么的，自然就会觉得他们很专业。

☆头衔，让你看起来专业。

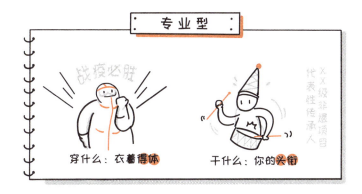

◎说什么

穿什么、干什么都是一个 IP 在开口之前，能够让人直接感知到的。那么，开口说什么，能让人瞬间觉得你专业？

01. 说你获得的结果。

一场直播就卖了 6 位数的货；

一场演讲征服了 10 万观众；

一个回合击败了前国家队拳击运动员；

……

IP 在说话时，把这些结果亮出来，再带上充足真实的论据支撑，自然不会引人怀疑你所属领域的专业性。

☆结果，让你看起来专业。

02. 说你服务过的超级案例。

曾经为某大牌做过代言；

曾经帮助一个负债 2000 万的创业者扭亏为盈；

曾经操盘一个素人账号，在 1 个月里涨粉 100 万；

……

跟 "你有多牛" 相比，让 "你的用户牛"，才是真的牛。

☆**成功的超级案例，让你看起来专业。**

03. 说一个不为人知的小细节。

马东说过一个令人印象深刻的小故事。

他有一回去国外出差，别人给他推荐了一个老裁缝帮他定制裤子。裁缝拿着软尺，仔仔细细量他的腿围、臀围，量完后开口问他："马先生，请问您平时是习惯'放在左边，还是右边'？"

马东当场就震惊了！这老头连这么细的问题都能提出来，实在太专业了，这裤子，他要多少钱都给！

☆**细节，让你看起来专业。**

04. 合理运用数字与对比。

假如公司要招聘一个新媒体编辑，现在来了 3 个人应聘。

A：这一年来，我写过几十篇稿子。读者的反应都还挺好的。

☆听起来，好像不怎么样，对吧?

B：这一年来，我写了 50 篇稿子。其中有 43 篇达到了 10 万 +，有 7 篇达到了 50 万 +，还有一篇代表作，转发量达到了 3000+。

☆好像比 A 强一些，至少有了一些具象的数字。

C：这一年来，我写了 50 篇稿子。公众号通常以 10 万 + 为优秀标准，我有 43 篇超过了标准，甚至其中 7 篇达到了 50 万 +。另外，一篇文章的转发量能达到 300—400，就算是非常成功了，而我写过的一篇文章，转发量达到了 3000+。

☆毫无疑问，如果我是面试官，应该会当场给 C 发 offer。

与 B 相比，C 不仅给出了具体数字，还同时给出了标准，跟标准一对比，才更能让人清晰感知到他的厉害之处。

☆数字与对比，让你看起来专业。

靠谱型

什么会让一个人看起来靠谱?

打造"靠谱型"人设，我们总结了 3 种方法。

◎方法一

来看以下几句话：

A：我们是一家百年老店。

B：我坚持写作 10 年，写了 300 万字……

C：在长达 15 年的职业生涯中，我从来没有过一次迟到早退，领导安排的每一个任务，我都圆满完成。

可能会有人质疑："百年老店做的东西一定好吃吗？坚持写作 10 年写了几百万字，就一定写得好吗？不迟到不早退，为公司创造的价值就一定比其他员工高吗？"

显然不一定。

我曾在书上看过一个故事，说某个毕业生进入一家国企，这家公司每月有一次全员开会，前三排是领导的固定座位，从第 4 排到第 10 排是员工位，座位大家自选。这位毕业生发现同事都是习惯性地往后"躲"，抢靠后的座位。甚至有老前辈告诉他别离领导太近，否则开个小差打个盹，都会被看到。

这个毕业生没有听前辈的话，他从第一次开会起就坐在了第 4 排的正中间，不仅离领导近，还正好面向舞台，开会期间想偷偷干点私活是不可能了。他只能每次都认真听讲、写笔记。

在入职第 20 年的时候，他获得了优秀奖章。主持人在他上台领奖前，语带钦佩地说："他热爱学习，十年如一日坐在靠前的位置，奋笔疾书。"当时已人至中年的"毕业生"听到，在致辞时哈哈大笑："其实，我一开始是'装'的。我只想着能让领导看见，对我有个好印象。谁知道，装着装着，就装了 20 年。我也在认真学习当中，收获了很多经验。"

台下掌声雷动。

长久地坚持，本身就是一种难能可贵的品质。人们会因为你长时间的坚持而喜欢并认可你。

在 IP 打造中，如果你做一件事持续的时间足够长，长到常人难以企及，那就足以令人钦佩与信任。

☆时间与努力，会让你看起来靠谱。

◎**方法二**

来看以下几句话：

A：裸辞创业 5 年后，我觉得有一份兜底的工作真的挺好的。

B：坚持做了 3 年新媒体，其实我一直很后悔当年没有跟朋友合伙开餐厅。

C：尽管我是个男人，但我觉得女人活得真心太不容易。

这几句话的共同点是什么？

焱公子在线下课"IP 引爆增长"上说出答案时，每次都能听到哄堂大笑。

"这几句话最大的共同点，是没有逻辑。"

这是因为，你根本没有办法用一个行业的不如意，或者一个角色的立场，去佐证另一个行业、另一个立场的对错。不过，这些都不是重点。重点是，听到这些话的受众往往会觉得你的话是靠谱的。

不相信？那你换个角度来看。例如，有的男人会说，男人活得不容易；或有的女人会说，女人活得不容易。他们的这些话一出口，都不会让受众觉得说话者靠谱。相反，还有可能会引发辩论，甚至引来网友 diss（指责）。

为什么会出现这种结果？

很简单，因为你没有跳出自己的立场。你是男人，你的立场是"男人活得不容易"；你是女人，你的立场是"女人活得不容易"。你看，你的观点一直都只是站在自己的角度。听众感觉到你只是在自说自话，自然就没有那么靠谱。但是，如果你能站在一个立场，却以另一个视角来说话，效果就会不同。

☆跳出当前立场，会让你看起来靠谱。

◎方法三

奔驰曾经为 Smart（汽车品牌）拍过一条广告：Smart 一开始

在丛林、野地中穿行，结果搁浅、熄火、狼狈不堪。之后镜头切换，它回到城市里，行驶非常自如。因为身躯娇小，随便一个角落，都可以见缝插针地停进去。

大文豪沈从文去大学讲课，因紧张语速过快，原定一个小时的课程，很快就讲完了。他在黑板上写道，因为自己第一次讲课，有点紧张。学生们看到后，顿时明白，大家反而对沈从文报以掌声。

焱公子在线上授课或跟学员见面交流时，经常会跟他们说："我不是科班出身，修辞与文法都不是我的强项。我这些年做内容所得到的经验，都是基于实战。"他认为："这样说话，并不会降低我在学员心目中的位置，反而会让他们觉得这个人很真实，从而更加信任我。"

☆**敢于承认不足，会让你看起来靠谱。**

讨喜型

什么会让一个人看起来讨喜？我们同样总结了 3 种方法。

◎**方法一**

先来看两封写给同一个人的信。

A 是这样写的：

Lucy，最近好吗？

我们全家今天去爬山了，风景挺好的。我们在公园里吃饼干，两个孩子笑得很开心。

上周我老公升职了，成了他们公司最年轻的副总裁。我家老大拿到了钢琴比赛一等奖。小妹昨天舞蹈演出，还被一个经纪公司相中了呢。

希望你最近一切都好。如果下周有空，咱们聚聚呀？别老是用忙当借口。

B是这样写的：

Lucy，最近好吗？

Lily跟我前两天还提到你。因为我们在商场看到一条黄色连衣裙，和你大学时想要的那一条超级像。可惜那时候，咱们都没钱。

不过，我把它买下来了，打算当面送给你。

自从各自有了家庭，咱们都好几年没见面了。小莎最近怎么样？我家小妹要是有她一半懂事就好了。你这个学霸和亲子专家，有空也多教教我怎么教育孩子呀。

我真的想你了，找机会，咱们聚聚呀？

☆如果让你从两个人中挑一个做朋友，你会选择哪一个？

焱公子参加线下聚会时，经常会遇到两种人。一种非常健谈，话又多又密，围着他的人越多，他越滔滔不绝、高谈阔论。而另外一种，通常不怎么说话，别人说话时，他会耐心地倾听。

☆如果让你选一种做朋友，你会选择前者还是后者？

在线下课"IP引爆增长"上，焱公子就多次做过上述问题的测试。

针对这两个例子，几乎所有人都毫无例外地选择了后者。问及原因，大家的回答很一致：第一个人在炫耀，眼里只有自己。而第二个人，是真正在关心朋友、照顾他人的感受。

让对方感受到来自你真心实意的关注与关心是很重要的。不管在线上输出内容，还是在线下交朋友，要想让人喜欢你，原则都是一样的。

☆保持对别人的关心，让你看起来讨喜。

◎方法二

焱公子在很多场合，包括他的同名公众号、视频号上，都说过他第一次创业失败的故事。他尤其爱说的一个细节，是关于第一家公司的命名。

以下是焱公子的自述：

我们公司叫"火羊文化"，这个名字遵循的正是昵称命名的第5个原则——人格化。不过，它同时也犯了谐音梗的忌讳。

我叫焱公子，我合伙人姓杨，因此我们从"焱"里拿出来一把火，并取了杨的谐音"羊"，组建成公司名，叫"火羊"。

注册下来后，我们才发现一件神奇的事：原来"火"跟"羊"合在一起，读 yàng，"打烊"的"烊"。

这是一家什么倒霉公司？刚开业，就精准预言了自己必然打烊？

后来，我们确实没撑多久，就打烊了。

·

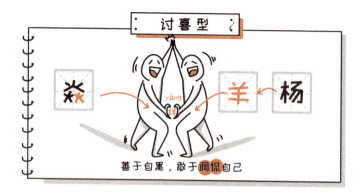

焱公子对别人说起这段经历时，对方会笑得很开心，彼此间的距离也会立刻拉近很多。他是这样认为的："我从不担心会对自己的形象有负面影响，敢于调侃自己过去的失败，证明我真正走出来了，也证明我成长了。"

☆善于自黑，让你看起来讨喜。

◎方法三

2021 年 2 月，吉尼斯世界纪录发文宣布，李子柒以 1410 万的 Youtube 订阅量，刷新了由她自己创下的"Youtube 中文频道最多订阅量"的吉尼斯世界纪录。

除了对我国传统文化的弘扬，李子柒备受喜爱的原因，还有她完美展示了美好生活该有的样子。何谓诗情画意？用心对待一蔬一饭，用一草一木装点人生。

除了李子柒，罗永浩树立讨喜人设的过程也值得我们学习。

2020 年 4 月 1 日，老罗开启了人生首场带货直播。尽管跟头部主播相比，他的节奏感很差，说话又慢又啰唆，可就是这样一场不够完美的直播首秀，完成了 1.1 亿的交易额。

他说："只要战士不下战场，一切皆有可能。"

"有些鸟来到世间是为了做自己认为正确的事，不是来躲枪子的。如果没被干掉，就继续彪悍嚣张下去。"

这么一个年近半百的大叔，依然坚持理想主义，依然不认命，依然敢拼敢闯。这应该是每一个早就被淹没在油盐柴米里的中年男人，在午夜梦回时所向往的样子吧。

很多面向宝妈群体的品牌创始人、联创者或团队长们，往往会在自己的短视频中打造美好、独立的女性形象，持续表达"爱自己"的主题内容，来增强讨喜度。她们要表达的都大同小异：你要加倍爱自己，因为你除了是妈妈、妻子，更是你自己。

前文曾说到我们的 IP 私教学员刘媛，她就是一个卖美妆护肤产品的联创、大团队长，有一个 9 岁的儿子。

我们给刘媛做的定位是"别人家的婆婆"，还为她打造了一句口号："穷养儿子富养儿媳。"刘媛现在几乎每条视频，内容都是在"教育"自己的儿子："你将来一定要对你老婆好啊，知道吗？"

这种人设无疑非常讨喜。因为无论什么女性，都期待拥有这样一个婆婆、老公或者女婿。

☆活成（展示）别人期待成为的样子，让你看起来讨喜。

复合型

当然，人是复杂的，我们说的三种人设，可能在一个人身上同时具备，只是看哪一个人设能在打造 IP 的过程中，体现得更明显。

2020 年，知名法律博主罗翔在 B 站快速崛起。他就是典型的"专业型＋讨喜型"结合的人设。他通过诙谐有趣的案例讲述，把法律知识融入其中，让受众印象深刻。

在当下的时代，一本正经、干巴巴地讲干货已经越来越不受欢迎。所以，想打造个人 IP，想树立人设，正确的落地方法是充分汲取"专业型""靠谱型""讨喜型"三种人设里能跟自己匹配的点，最终形成属于自己的特色。

案例解析

客户陈璐在 2020 年年底找到我们，希望能帮她找到定位、做出人设规划。以下是她当时给出的部分个人信息和诉求：

我是一个爱折腾的创业宝妈。曾经是多年职场老司机，做到了中层。我一直是个居安思危的人，所以虽然做着公司的工作，也同时在淘宝开了一家店搞副业。由于心性爱折腾，我裸辞后就在线下找了一个知名品牌，做了加盟，开了一家母婴实体店。

孩子一出生，我回归家庭做了全职妈妈。因为孩子生病，我接触到了儿童推拿、中医食疗，于是就跟朋友合伙开公司创业。我把前些年在淘宝、母婴店赚到的钱全部拿了出来。随着互联网大潮，我将业务从线下转到线上，开始带着团队做起了微商，业务主要还是销售食疗产品。

2020 年的特殊时期，线下因无法开门，没有生意，只能一家一家关门，最后彻底转型线上。我开始学着在淘宝做直播，现在也学着做视频号直播。但不管是线上卖货，还是直播卖货，都没有什么销量。直播间没有什么流量，用户对自己的信任度不高。现在我想打造自己的个人 IP，以前做过的事很多，不知道人设现在放在哪一块合适？

……

基于客户提供的资料，我们通过 5 步帮助她挖掘定位，确立人设。

第一步：做诊断。指导陈璐填写《个人 IP 测评表》，做好前测，给出 IP 打造诊断与建议。

通过测评表，我们了解到陈璐的过往积累、IP 预期、投入时间、收入目标等情况，再综合她本人的意愿"希望进入直播赛道，虽然变现不多，但个人喜欢、能坚持。而且，自觉口齿清晰、互动性强，应该比较具备直播特质"，我们分别从定位、平台、产品、造势等 8 个测评方向，给出了她的诊断建议，并且认可与确定她想打造的 IP 赛道为视频号直播。

（课程"个人 IP 变现课"附赠测评表，可扫描前勒口上的二维码，至公众号"焱公子和水青衣"了解并获取）

第二步：定计划。我们为陈璐制定 IP 人设打造计划，选定类型为"靠谱型人设"，IP 对外形象是"直播创业的不服输宝妈"。我们指导她做出"连续直播 100 天"的计划，并将这一"大事件"公布在朋友圈，邀请大家来监督。

在 100 天时间里，陈璐的直播间人数虽然不多，但她并不气馁，就算是在高铁上、机场里、线下大会的会场，她都会想方设法找个角落去直播。甚至，生病不舒服时，她也要先直播完，再去躺着休息。这些行为都很符合她的靠谱、不服输的人设。

第三步：强推广。在陈璐百日直播的过程中，我们指导她将成长、阶段性成绩设计成文案，适时发布在朋友圈和公众号，持续为自己做宣传与推广。

于是，计划进行到大概五六十天的时候，知道陈璐直播的人慢慢就多起来了。进入直播间、在朋友圈观看的朋友对陈璐的普遍反馈是："这是一个认准目标就死磕到底的宝妈。"

很快，100 天计划完成，"靠谱型人设"立住了。

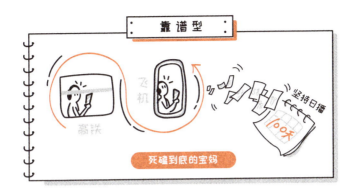

第四步：调定位。 根据现有情况开始做 IP 定位调整。陈璐积累了满满 25 万字的直播脚本和复盘笔记，我们指导她从"创业宝妈"转型为"视频号直播教练"，主要业务是：专注指导、陪伴新人迈开直播第一步，让像她一样的普通人也能学会如何在线上创业。

在陈璐持续日播满 200 天的时候，她的 IP 定位"直播教练"开始深入人心，她所辅导的百余名学员也均成功开播，有的学员还获得了不菲的商业回报。在我们的布局下，陈璐与她的学员有条不紊地进入了直播带货赛道。

第五步：立 IP。 这时候，根据陈璐的发展路径，我们再次做出调整，由单纯的"视频号直播教练"迭代进化到"直播高成交教练"。陈璐开始带领新人主播在直播间内卖货、在直播间外做高转化。

通过以上 IP 打造步骤，在半年的时间里，陈璐明确了定位，强化了人设，从 0 到 1 建立起自己的个人 IP，业绩突破了 100 万。

本节总结

本节的核心是人设。

为什么要打造人设？因为 IP 有特色、有记忆点，IP 输出的内容才更容易被传播。我们认为：人设，是基于你的明确诉求所构建出来的、你的某个可被用户感知的特质的放大。其中有三个关键要素：你的诉求，你的真实特质，以及这个特质必须能被用户感知到。

人设打造主要有三大方向：专业型、靠谱型与讨喜型，但不排除有复合型 IP。与方向相比，更重要的是精准找出令人觉得你专业、靠谱和讨喜的具体原因，并将之持续放大。

1.3
打标签：当你向别人介绍自己时，为什么他们总记不住？

参加线下活动时，水青衣特别喜欢观察别人是如何做自我介绍的。

一切表达皆内容。

做自我介绍，是你试图连接陌生人的第一次内容输出。这个"第一次"，很有可能会是一场"标签的旅程"。因为你的介绍，很有可能会让对面的听众在接收信息之后，给你"贴标签"。

作为个人 IP 顾问，我们经常对来打造 IP 的客户说，一定要珍惜在公开场合首次说话的机会。因为彼此素不相识，别人愿不愿意和你进一步产生连接，几乎完全取决于你是如何"推介"自己的。

有些人天生话痨，语句多而密，一逮到说话机会，就巴不得把自己前半生的所有高光时刻都讲给别人听；有些人讲话没有重点，说了半天也没说明白他们是干什么的；还有些人特别羞于表达，一碰到要介绍自己的场合，就匆匆借故跑开了。

这些对于一个 IP 来说，都是不可取的。

自我介绍的 3 个误区

IP 在做自我介绍时有不少误区，我们总结了 3 种，大家在实际应用时要尽可能规避。

◎误区 1：堆砌标签

例：大家好，我是一名终身学习者，会一点平面设计，喜欢写作和做饭，还是一名阅读推广者。哦，对了我还是个宝妈。

这类介绍就属于标签堆砌。大家听完后根本不知道你是干什么的，也听不出你有什么特点，说了等于白说。

◎误区 2：用评价代替事实

"用评价代替事实"，在上一节中曾提到过。

先来看一个实例。

有一次上课，有位学员站起来说："大家好，我是一个特别好的人，大家都夸我又热心又靠谱，他们都喜欢和我交朋友，欢迎大家来和我连接呀。"

这种介绍好不好？

当然不好。

介绍自己"特别好"，却又没有任何事实支撑。怎么好？好在哪里？没有细节描述，只是空发评价，就有点儿王婆卖瓜——自卖自夸了。

从打造 IP 的角度，我们认为这样的自我介绍充满了"自嗨"，对受众是完全没有吸引力的。

◎误区 3：过于敷衍或简短

例：大家好，我是 ×××，很高兴认识大家。

除非在群体性会议中，主办方已经给了固定格式，要求你必须严格按格式介绍，你不得不这样精简着说。否则，在大多数情况下，如此寥寥一句，谁会对你有印象？

我们需要再次强调：自我介绍，是你连接陌生世界、打开新视野的一次非常重要、关键的自我亮相。如果你真的有心突破自己，再内向、再不善言辞的人，都应该认真对待自我介绍，而不能过于敷衍。

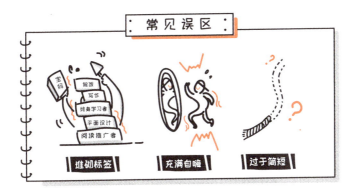

打标签的 3 个核心要素

如何能把自我介绍说好，更易被别人记住？如何避免被对方"贴上"错误或不合时宜的标签？

答案是，我们要先学会自己给自己"打标签"。打标签的关键，归纳起来有 3 个核心要素，分别是：明确对象、明确目标、明确连接。

◎**明确对象**

做自我介绍的逻辑，跟写新媒体文章的逻辑一样，无论用嘴说还是用笔写，我们都不妨额外加上一句：这是说给谁听的？写给谁看的？

要让你的受众印象深刻，你在开口之前，就要有对象感。

试着想想，当你新加入一个社群、在微信上跟人私聊、参加一场高端行业峰会、跟新认识的朋友聚会……这么多场合，当你需要开口介绍自己的时候，自然不可能都做一模一样的介绍，对吧？

我们线上的陪伴型课程"个人 IP 变现课程"的学员在入营后，都会被要求至少准备 3 个不同场景的自我介绍。

为什么要准备这么多自我介绍？

这是因为，有的场合只容许你"用一句话介绍自己"；有的场合能较完整、从容地介绍自己；有的场合甚至可以给你一段讲故事的时间，让他人来了解你。

只有区分场合、明确对象，你才能调整侧重点，输出更有针对性的内容，成功引起别人的注意。

我们总结了一个可套用的公式：

基于不同场景的自我介绍＝一个主标签＋若干个副标签

举个例子。在水青衣根据不同的场景给出的不同自我介绍中，常常会包含一个主标签、若干个副标签。

场合	主标签	副标签1	副标签2	副标签3
只容许用一句话介绍自己的场合	IP顾问，孵化多位IP。打造的创始人IP客户从负债2000万到在深圳连开4家豪车展厅。			
能较完整、从容地介绍自己的场合	IP战略顾问，孵化多位IP。打造的创始人IP客户从负债2000万到在深圳连开4家豪车展厅。	个人品牌故事专家，擅长IP故事、品牌故事，文章全网阅读量累计过亿。		
有充足时间介绍自己的场合	IP战略顾问，孵化多位IP。打造的创始人IP客户从负债2000万到在深圳连开4家豪车展厅。	个人品牌故事专家，擅长IP故事、品牌故事，文章全网阅读量累计过亿。	内容营销顾问，帮助IP以低成本获客；带教百余位IP、指导新手从0到1收获10万+小爆款视频，激活百万私域流量。	曾操盘国家级非遗项目、百亿文旅大IP项目（刘三姐）鱼峰歌圩；曾服务京东、碧桂园、字节跳动、平安财险等企业。

☆只容许"用一句话介绍自己"的场合，她呈现的就只有主标签：

一个IP顾问，孵化过多位IP，打造的创始人IP客户从负债2000万到在深圳连开4家豪车展厅。

☆能较完整、从容地介绍自己的场合，她呈现的除了主标签，还加上了一个副标签：

（1）一个IP顾问，孵化过多位IP，曾帮助创始人IP客户从负债2000万到在深圳连开4家豪车展厅。

（2）个人品牌故事专家，擅长IP故事、品牌故事，文章全网阅读量累计过亿。

☆能充足介绍自己的场合，她呈现的除了主标签，还会加上若干个副标签：

（1）一个IP顾问，孵化过多位IP，帮助创始人IP客户从负债2000万到在深圳连开4家豪车展厅。

（2）个人品牌故事专家，擅长IP故事、品牌故事，文章全网阅读量累计过亿。

（3）内容营销顾问，帮助IP以低成本获客；带教百余位IP、指导新手从0到1收获10万＋小爆款视频，激活百万私域流量。

（4）曾操盘国家级非遗项目、百亿文旅大IP项目（刘三姐）鱼峰歌圩；曾服务京东、碧桂园、字节跳动、平安财险等企业。

◎**明确目标**

明确对象，是向外的考量。同时，我们还要向内考量，明确你自己的目标。

这句话就是说，你期望通过自我介绍获得什么？通常来讲，不外乎两个诉求：交际诉求和商业诉求。

☆**交际诉求**

从交际诉求出发，你的自我介绍出发点是：在短短的一两分钟内，一开口就"圈粉"。也就是马上抓住别人的注意力，让他们发现你的内心住着一个有趣的灵魂，你这个人是值得进一步深入了解和交往的。

这类介绍的核心立意是：告诉大家，我有什么特别不一样的地方，也许值得与你分享。

我们总结了一个可套用的公式：

基于交际诉求的自我介绍＝温度（或有趣）+ 差异化

举个例子。出于交际诉求，焱公子通常会这样介绍自己：

"没错，我就是焱公子，如你们所见，我是个光头。

"我知道你们心里在想什么，你们在想，这就是个标题党啊。所谓公子，不是应该长发飘飘、风度翩翩吗？怎么会是你这副'钢铁侠'的模样？但我想跟大家说，我做过新媒体，从新媒体传播的角度来讲，差异化的内容，更容易树立标识。

"你们要知道，长发飘飘的公子千篇一律，而光芒万丈的公子，万中无一。我当然要做那个万中无一。"

一般焱公子这样介绍完，大家都会哈哈大笑。笑完之后，他们也就记住了这个脑袋光光、说话有趣的人，而且，很久都不会忘记。

对于焱公子来说，这个自我介绍就是成功的。

☆商业诉求

在这个快节奏、实用化的时代，这可能是 IP 们更需要掌握的介绍方式。

这种介绍方式的核心立意也很清晰：你要告诉大家，我能为你提供什么。

我们总结了一个可套用的公式：

基于商业诉求的自我介绍＝我是谁＋我能为你做什么＋怎么证明

举个例子。我们让焱公子重新来做一版自我介绍。

"我是焱公子，一名内容创业者（**我是谁**）。

"我专注 IP 打造、内容营销，帮助大家通过好内容来持续低成本获客（**我能为你做什么**）。

"我曾凭借一篇过亿阅读量的创业故事逆风翻盘，并经由持续输出内容，在一年内引流涨粉百万。现在，这一套内容营销与流量增长方法，已帮助数十位传统企业主完成线上转型与破局（**怎么证明**）。"

现在线上很多社群在新成员加入时，群主都会让他们发自我介绍，格式一般也都是：你是谁，你做过最牛的三件事是什么，你想连接什么人，你能为大家提供哪些价值等。

这跟焱公子上面所述的自我介绍的核心逻辑差不多。之后再遇到类似要填写自我介绍的社群，大家就可以套用这个公式。

◎明确连接

在很多场合，自我介绍能做到第二点中所说的围绕商业诉求，已然很不错了，别人也能很快记住你是干什么的。但是，或许你也能感受到，这样的自我介绍，虽然对象感明确、诉求精准，但表达过于冰冷。作为 IP 而言，若没有温度，就会失掉不少受众。缺乏温度的自我介绍，圈粉效果可能还不如焱公子调侃自己发型的版本。

那么，如何能让"精准"与"温度"二者兼顾？

毫无疑问，说一个能代表你是谁的故事，并借此创建一个连接，让大家感同身受，就能将二者很好地兼顾。

让我们继续用焱公子的自我介绍来做实例解析。

先了解焱公子的背景：他是前世界 500 强职业经理人。在爱立信 8 年多，华为 2 年，跨界裸辞后创业，做过新媒体、内容公司。他辞职的原因，是希望能按照自己的心意追求想要的生活。

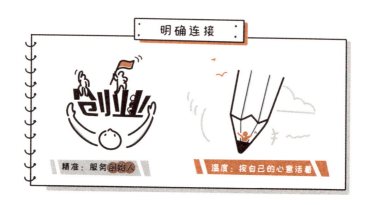

基于背景，我们来看他的第三个版本的自我介绍。

"我是焱公子。我不知道，大家有没有经历过那种，一旦做下就没法回头的决定？我有过。

"6 年前的今天，我站在分叉路口，一边是月入几万的高薪，一边是因辞职念头而带来的一团迷雾。迷雾的背后可能是柳暗花明，也可能是万丈深渊，我不确定。我能确定的是，我必须要选一边。

"我的领导一再挽留未果之后告诉我，你一旦离开，就必须替部门背一个最低绩效。背上它就意味着，你永远没法再回来。我有过纠结，当然也有过害怕，但那时的我想，我更怕的，是将来会后悔。后悔我老了之后，也许都没有一个精彩的故事可以说给别人听。所以，我朝领导义无反顾地点头，离开了。一路跌跌撞撞，直到现在。

"当年的选择，成就了今天的我。当年的勇气，也让我无论遇到任何困难，都无惧无退。在我走上新的路途之后，无数迎面而来的新鲜资讯，也给了我无穷的素材和灵感。这可能也是我的IP能顺利打造起来的原因。

"如今，我在全网有超过100万粉丝，还给很多企业创始人提供了完整的多平台内容输出、IP打造落地解决方案。如果你正好需要，我一定能够帮到你。我相信，我们的共鸣肯定不止于IP打造本身，期待与你的连接。"

在焱公子这个版本的自我介绍里，他开篇说的第一句话是："我不知道大家有没有经历过那种，一旦做下就没法回头的决定？我有过。"

这句话就是为了在一开始就建立与受众的连接。每个人的经历肯定不一样，但我们相信，每个人的人生中，都一定在不断地做着选择。成年人的世界，从来没有两全其美，人生的真相，就是两难。

以这样的方式开篇，既能够迅速引发共鸣，也说明了焱公子是一个怎样的人。

由此，我们就能得到一个可套用的公式：

一个能代表"你是谁"的故事＝开篇引发共鸣＋中间简述经历＋结尾提供价值

本节总结

自我介绍,是IP面对陌生人的首次正式内容输出,务必要重视。在做自我介绍时,要尽量避开3个误区:堆砌标签、用评价代替事实、过于简短或敷衍。

一份好的自我介绍,应尽可能围绕3个核心要素去设计:明确的对象感、明确的目标感以及与你的听众创建明确且必要的连接。

第二章

内容：人人都可以从新手到高手，打造爆款内容

从 IP 的角度来讲，只要是对打造你的个人 IP 有利，只要能够提升你的影响力的一切表达方式，都是内容。要用你擅长的方式，说你相信的、喜欢的话题，构建你的内容体系。

◆　获价值：你引以为傲的内容，为什么就是无法变现？

◆　做深耕：垂直创作，4 招就能轻松搭建内容库

◆　策爆款：成为平平无奇的爆款收割机，一篇顶十篇

◆　磨内容：从 0 到 1 打造你的超级内容力

什么是内容？

为什么你总觉得做内容很难？

这大概是每个 IP 都会遇到的第二道坎。

2017 年以来，我们就影响、带领了 2 万多名学员行走在内容赛道上。他们当中 80% 的学员，在最开始时都会说这样一句话："做内容好难啊。"

后来，焱公子设计了一道练习题：请用 1 分钟时间，描述一道你爱吃的美食。结果不出所料，大部分学员都完成得非常棒。很多人甚至能极其自然地调用五感（视觉、听觉、嗅觉、味觉、触觉），对他们中意的那道美食进行生动又形象的描述。

这时候，我们会对学员说："看，你明明很会做内容啊。"

其实，学员先前之所以会充满畏难情绪，大概是因为他们对内容有"偏见"。

所谓内容，从来都不仅仅是指写一篇公众号文章、拍一条短视频，它甚至不一定必须通过写的方式来完成，它也可以通过说话、唱歌、弹奏、跳舞等方式来展现。有一档综艺节目叫《奇葩说》，就是让辩手们在赛场上，通过辩论输出内容，表达观点。

张学友唱歌、郎朗弹钢琴、杨丽萍跳孔雀舞，虽然形式截然不同，但他们都同样是在输出内容、传递情感。

所以，我们认为：**内容，是你的思想表达。**

从 IP 的角度来讲，只要是对打造你的个人 IP 有利、能够提升你的影响力的一切表达方式，都是内容。作为 IP 顾问，我们更多的时候是教会学员：**用你擅长的方式，说你相信的、喜欢的话题，以构建你的内容体系。**

当然，对于大部分人来说，门槛最低也最容易上手的内容输出方式，依然是写和说。

2.1
获价值：你引以为傲的内容，为什么就是无法变现？

在新媒体时代，无论采用什么样的内容输出方式，**真正的好内容，一定能为受众赋予价值，让他们有获得感。**

一般来说，都有哪些方面的价值？

（1）你的内容能指明商业路径，帮助企业、个人提升品牌影响力，甚至获得经济收益，这叫有商业价值。

（2）你的内容能启迪心智、提供充足的信息增量，为读者向他们的朋友"晒"和"炫"提供"弹药"储备，这叫有资讯价值。

（3）你的内容能安抚情绪、缓解焦虑、替人发声，这叫有情绪价值。

（4）你的内容能提供指引，让读者沿袭参照，甚至上手即用，这叫有实用价值。

有价值，别人才会点赞、评论、转发，甚至打赏，从而带来流量和变现的可能。如果你的内容不具备以上任何一种价值，只有作者思维，没有用户思维，那你输出的文字，或许就只能称为"心情日记"或者"碎碎念"。自嗨型的心情日记、碎碎念，即便是你引以为傲的内容，也是不具备任何变现力的。

商业价值

焱公子同名公众号"焱公子"目前有 18 万粉丝。自从运营以来，我们接到过的最多的广告，是财商思维课。

很多大广告主几乎每个月都会来投放一次广告，在跟其中一个广告主相处得比较熟悉后，我们问他："你的文案为什么转化率那么高？"他直言不讳地说："因为我写出了用户的痛点呀。"我们不解，他笑着回答："投入多收获少，是大多数用户的焦虑点。我们的财商思维课，教的是正确科学理财，能很好地解决用户痛点。"

引导用户摒弃"求快"、舒缓焦虑、获取收益，这是针对痛点的解决方案，也是他们的文案能得到高转化的秘密。

2018 年 6 月，今日头条平台曾推出过"青云计划"，被评上"青云计划奖"的文章可以获得奖金。评奖规则是当月第一篇获 1000 元，余下每篇获 300 元。这一举措，在自媒体作者中掀起了一波图文创作的热潮。

我们当时就感受到，这是内容人的机会，于是牢牢地抓住了这波红利。水青衣负责认真研究、拆解"青云"文章的规则与套路，焱公子负责找选题与撰写。50 天里，我们连续有 70 多篇文章获得"青云计划奖"以及"月度优秀"，并据此推出了"头条内容变现"训练营和"头条写作变现"网课。

前三期训练营，招生快、见效快。一来是因为我们自己切实拿到了结果，有着过硬的实战经验；二来是我们对学员知无不言、倾囊相授。当前三期结束，我们盘点成绩时，发现学员获奖率高达 90%，他们都拿到了实实在在的奖金，更有学员不仅获得了十几个"青云奖"，还拿到了平台评选的"月度优秀"（奖金 5000元）。一期训练营跟下来，单人奖金差不多达到了 2 万元。

这份成绩单为我们后续招生打下了坚实的口碑，以至此后每一期都学员爆满，学员复训率和转介绍率高达 50%。而我们的网课在某知名课程平台上销售，也很快售出百万业绩。

这件事的成功，本质上在于我们顺应了平台红利，做出了一款离钱近的内容产品，并真正帮助学员通过写作变现。也就是说，我们为受众提供了商业价值。

这个案例面向 C 端（个体）客户，客单价相对较低，以提供写作技能来实现商业价值。

还有一种玩法，针对 B 端（企业）客户或高势能个体客户，为他们定制内容营销方案，打造其个人 IP 或品牌 IP，提供咨询、顾问式服务等，客单价较高。

我们团队现在对接的业务中，就包括为企业打造创始人 IP、带教 IP 的私域流量构建项目、撰写个人品牌故事；帮助传统企业建立新媒体矩阵、线下转线上，通过定制内容帮助客户引流、带货等业务。

这些服务，就是经由针对性内容，为客户提供足够的商业价值，这样他们也就愿意不断采买。

综上所述，所谓**内容的商业价值，就是为特定受众提供有明确商业诉求的内容**。

针对 C 端或客单价较低的客户群体，内容的商业价值往往会直接跟钱相关，比如教人赚钱或省钱的文章、课程、社群、训练营等。教用户副业变现，一直是知识付费领域大热门的选题。

而相对于 B 端客户或高客单价群体来说，他们更期望的内容商业价值，是通过内容的对外输出，实现品牌或个人 IP 影响力的放大，带动流量增长与产品销售的大幅提升。

资讯价值

在互联网时代，很多生意的本质其实是信息差。我们认为，信息差可以分成三个层次。

◎第一层，叫作"你不知道的事"

比如每天发生的新闻事件、民生热点，你若有渠道或方法在第一时间获取，并结合自己的思考整理发布出来，对于普通大众来说，就很有资讯价值。他们特别愿意点击这样的内容，并自发地替你传播。当然，若 IP 仅仅停留在这个层面，那就只能积累泛流量，也就是俗称的"泛粉"，变现的渠道也相应变得比较单一。

很多依靠资讯价值来挣钱的 IP，赚取的一般就是来自自媒体平台的流量分成效益。

◎第二层，叫作"独家信源"

焱公子的朋友老 G 从 2015 年开始做一个通信领域的公众号，目前已做到百万粉，在垂直领域里算是头部。他做号的逻辑非常简单：先与国外某权威网站达成合作，然后可第一时间获取最前沿的技术资料。接着，他会将资料翻译成中文，并发布在自己的号上吸引粉丝来阅读传播。因为老 G 的粉丝群体很精准，黏度极高，广告主就特别愿意在他的号上投放。仅仅靠这一个公众号的广告收益，就足以养活他们公司。

另一个朋友老 P 跟我们是同行。在视频号刚上线时，他就认定这是个风口，因此他做了一件事：找到一位熟悉腾讯系产品的专家，支付了 6 位数的咨询服务费，每个月向对方请教。对方会在第一时间给他视频号的最新动态。老 P 凭着这些"新鲜热辣"的动态信息，开始对外招生，主要教学员如何顺应平台规则，更快更好地打造自己的视频号。很快，他就招到几十个高客单价学员。

老 P 付出去的 6 位数咨询服务费，通过招生，很快便赚回来了。因为始终掌握最新信息，他确实绕开了很多弯路，带领的大多数学员都获得了成果。

同样是提供资讯价值，像老 G 和老 P 这样掌握独家信源的 IP，无疑有更大的商业变现空间。

◎第三层，叫作"重新解构"

太阳底下无新鲜事。更多的时候，我们无非是在对旧事件做全新解读。

《易中天品三国》就是其中的典范。易中天运用自己的知识体系和现代语言风格，重新解构了三国时期的历史，让听众有了完全不同的体验，也由此一炮而红，收入不菲。

重新解构要做到让受众有获得感，并心甘情愿为之付费，这就需要 IP 在某个领域有相对深厚的积淀，并且还具备迁移力，能将知识无缝迁移到其他的新领域。

不少网友知道经济学家薛兆丰，不过并不是通过他的经济学讲义或者经济学课程，而是通过《奇葩说》这档综艺。很多人说，之所以被他圈粉，是因为无论什么话题，他都能用经济学原理给你重新生动又深刻地解构一遍，这就让他在众导师中有了完全不同的标签。

倘若有一天，他开了一门"如何用经济学原理构建更好的人际关系"之类的课程，我们相信他一定会有新鲜的、生动的重新解构，也会在第一时间购买。

对于绝大多数人来说，重新解构没有那么难。它需要两项重要基础，一是知识储备，二是阅历。焱公子在创业做自媒体后，给自己定位为职场博主，但他常常接到很多读者发来的私信，向他请教情感、亲子问题。

焱公子在职场十多年，外企、国企都待过，做过基层员工，也做过管理者，现在跨界出来创业当了老板。这么多段不同的经历、角色的转换，让他能以多元化角度去看待同一件事情。所以，尽管他的定位是职场博主，但读者常常会感谢说，自己提出的问题，在焱公子那里能获得多元的解答。

其实，这只是焱公子基于自身储备，以多元视角对事件做了重新解构。

情绪价值

在所有类型的内容里，能提供情绪价值的内容，传播力度一定是最广的。

曾经的某自媒体头部作者无疑是此中好手。她有很多文章，都精准把握了"被道德绑架所害"的广泛群体，以极其犀利的语言替他们发声，从而引发广泛的共鸣与大量的传播。她写出的很多爆款文章，套路基本类似，都是酣畅淋漓地痛骂男性、替女性发声，给她们找到情绪发泄的出口，获得爽感。

正因深谙爽文套路，该博主迅速崛起，她的公众号很快就获得了数千万粉丝，头条广告报价高达 80 万。只是，任何事情都不能越界。这名博主与她的团队正是在刻意造假、撩拨情绪上翻了车，被注销账号。这就属于本末倒置了。

我们从这一反面案例能知道，情绪价值不一定非要靠极端的"手撕"或者刻意的撩拨，有时温暖疗愈的内容更能撞击受众的内心。

因为，正向情绪价值，远大于负向情绪价值。

有一篇公众号超级爆文，是 2017 年由"视觉志"发表的《谢谢你爱我》。这篇文章的阅读量超过了 6000 万。文中记录了 17 段暖心小故事，组成一篇美好的"疗愈文"，在最后点出文章主题：生活虽然总是艰辛坎坷，感情虽然总是不尽如人意，但总会有一个人出现在你生命里，用心爱着你。

是的，成年人的世界没有容易二字，这世界也或许不如想象中美好，但它可能也没有那么糟。哪怕只有一个人在偷偷爱着我们，为我们鼓劲加油，这也应是我们勇敢活下去的全部理由。

这篇文章造就了受众内心升腾的感动与情绪的治愈，因此得到了广泛的传播。

实用价值

实用价值与资讯价值，可以并称为"干货价值"。资讯价值偏于思维和启迪层面；实用价值则注重落地和实战层面。

举个例子。同样是教新媒体写作，如果讲授选题逻辑、用户心理、平台逻辑等内容，这是侧重提供必要的信息增量，即教你为什么要这样想、这样做；而如果讲授标题设计、素材选取、结构搭建、金句语言甚至字号排版、配图，这是侧重技法和实操层面，一步步告诉你应该怎么样去做。

前者叫资讯价值；后者叫实用价值。

判断一个内容或一门课程是否足够实用，就看它到底有多落地，能不能让人上手即用。很多人在创作内容时，会有一种天然的作者视角，觉得某些知识比较简单，读者应该都会，文中没必要提及。但其实不是这样的，那可能只是你以为，事实未必如此。

我们曾多次跟参加焱公子"内容变现特训营"的学员说，如果你想输出一个实用类内容，你最应该对标的是产品使用手册的写法。比如，沐浴乳的使用说明是这样写的：

取适量沐浴乳在手心，或者沐浴球上，轻揉出泡沫，涂抹全身。轻揉按摩后，再用清水冲洗干净。

短短一段话，把几个关键点说得特别清楚：

（1）取出的方法（手心或沐浴球）；

（2）操作的细节（揉出泡沫后再涂抹全身）；

（3）结束动作（用完别忘冲洗干净）。

哪怕从未接触过沐浴乳，看完这一段，你是不是立刻就能上手使用，绝不会出错？

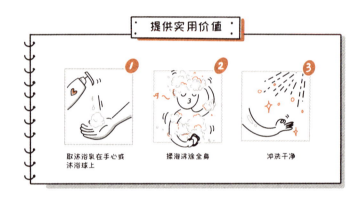

小学老师在讲课时，同一个知识点，一般都会刻意重复好几遍。聪明的孩子可能一遍就能听懂了，但老师还是会不厌其烦地讲。这是为什么？老师之所以这样做，当然是为了照顾接受能力比较弱的孩子，确保理解力相对较低的孩子也能听懂。

当我们提供实用性内容时，要做的就是对标小学老师的教法和产品使用手册的写法。你越能充分想象受众中最低的接受程度，才越能给出足够实用落地的内容。

好内容是需要提供价值的。聚焦明确的受众，持续提供以上任何一种价值，你都能做出好内容。凭借好内容，IP 能更好地连接用户，更快提升财富与影响力。

案例解析

IP 私教学员子夜在找到我们之前，一度处在迷茫中。他是程序员出身，因为擅长做笔记，所以开设了一个"高效笔记训练营"，专门教成人提升学习力、做高效笔记。

但他慢慢发现，这个课程只能"赚个吆喝"。因为大部分人听说他的课程后，第一心理都是："你能快速记笔记？那我只要跟你一块儿去开会，你做好笔记就行了啊。我干吗要学？"

换言之，在普通用户心里，子夜的课程内容虽然有用，但触及不到用户痛点，不符合用户的刚需，因而缺乏商业价值。

通过对他自身特质的诊断，我们发现，他除了擅长做笔记，逻辑也十分缜密，并且，作为一名父亲，他懂得如何为孩子制订学习规划。每天，父女俩会其乐融融地一起学习，5 岁的女儿在他的影响下，也会做一些基础的笔记，跟同龄的孩子比起来，学习自觉，作业做得又快又好。

基于此，我们给子夜重新做了定位：亲子学习力教练。

成年人没有快速记笔记的需求，可是孩子一定要有。而且，子夜完全可以以笔记为抓手，由此扩展到如何帮助孩子有逻辑、有条理地提升学习力。对于很多家长来说，这可是一大痛点，相应地他们就愿意为之付费了。

当他把注意力明确地放在宝妈群体时，就能凭借着亲子内容更好地连接用户，大幅提升商业价值。果然，在调整定位后，他迅速打磨了很多提升孩子学习力的内容，目前已经成功完成了转型。

本节总结

真正的好内容，一定能为受众赋予价值，让他们有获得感。

所谓的受众价值，主要分为 4 类：**商业价值、资讯价值、情绪价值和实用价值。**

商业价值，就是为特定受众提供有明确商业诉求的内容。

资讯价值有 3 个维度：你不知道的事、独家信源和重新解构。

对于情绪价值来说，虽然正向、负向情绪都能撩拨受众，但从 IP 打造与最终传播力来说，正向情绪价值依旧远高于负向情绪价值。

而对于实用价值来说，最核心的一点，便是你所讲述的知识、干货能够让受众上手即用。

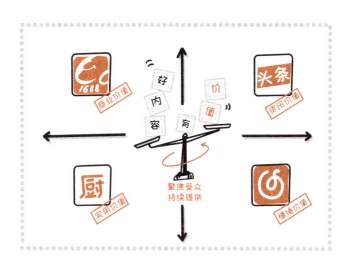

2.2
做深耕：垂直创作，4招就能轻松构建内容库

好 IP 在内容上都是垂直深耕的。就像前文所说的孔子，这个大 IP 就是用"儒家"的内容，去连接明确受众。

其次，好内容天然是"戴着镣铐跳舞"的，它跟泛内容的区别，是带着两个"限定"。

好内容的两个"限定"

◎限定 1：必须符合 IP 人设

如果你即将要讲的内容背离或有损你的人设，哪怕它很有趣，也不要讲。

举个例子。比如你是个创始人 IP，你可以讲自己在商业上的"摔坑"经历，但如果这次失败是因为你对这个项目的基本判断不如一个普通员工，那就不要讲这样的"摔坑"事件。

再说个例子。我们曾经认识一位 90 后创业者，他的性格比较外向张扬，做家族公司生意，规模不错，一年营收有几千万。但在短视频平台，他却喜欢输出庸俗的爱情反转剧。套路始终如一：出场是又丑又穷的男孩，不断被女方家长嫌弃。当家长为女儿找来一个"土财主"后，他马上摇身一变，揭开了自己"高富帅"的身份。

大家问他，为什么要做这种内容？他哈哈大笑说，嫌贫爱富的人到处都是，就是想嘲笑一下。可是，如果只是单纯地想嘲讽这一类现象，完全可以用其他的表演内容。一味扮丑装穷去测试爱情，这是不是显得 IP 格局小了？

假设你的受众是精英人群，如果他们每次看到的都是这样毫无营养的内容，难保不会想：你一个 IP，到底想提供什么价值？

◎限定 2：必须尽可能垂直

所谓垂直，就是尽可能专注于某一个方向的内容去创作。我们找对标牛人，可以先看看他的内容属于哪一种垂直类型。

垂直分别有三种类型：**领域垂直、人设垂直、受众垂直。**

☆领域垂直，又可以称为产品垂直

比如我们的 IP 私教学员"陈光哲聊瑜伽"，他是一个瑜伽教练。不管是写图文还是做视频，他的内容一直都围绕着瑜伽去设计。在直播间里，他也只讲跟瑜伽相关的话题，带货瑜伽类课程和实物产品。像他这样，就叫领域垂直。

领域垂直的好处是定位与内容对应鲜明。大家一打开你的账号，一看简介、看文章（视频）标题，就能大致知道你是干什么的。再看正文内容，就能了解你的业务范畴。

所以，领域垂直是最容易跟 IP 后端的产品发生直接关联的。但它的弊端也很明显，就是很难破圈，因为内容太过于垂直，导致了受众面狭窄。

☆ 什么是人设垂直

在《奇葩说》中，薛兆丰作为常驻导师，无论参与任何话题讨论，他都会用经济学原理解释清楚，人设立得非常稳。

咱们普通人可能达不到薛兆丰的高度，但我们可以尝试代入、强化自己的人设。很多短视频博主就是这样做的。举个例子。在抖音拥有千万粉丝的"朱两只吖"，一个 4 岁小萌娃，塑造的人设是"爸爸的漏风小棉袄"，她所有的视频内容都是围绕这个人设展开的——表面看似对老父亲友好，实际上一直在萌萌地"出卖队友"，把爸爸花钱买游戏皮肤、玩了一天手机也不管她读书的事，总是"不经意"地就告诉了妈妈。

焱公子曾策划过一个 IP 的年会节目。当时时间极其紧张，从策划到筹备到彩排只有半天，根本没时间准备剧本。他最终的解决方案，就是给每个参加这个节目的 IP 各自安排一个人设："毒舌女""蛇精男""款爷"……然后，根据各人设的特质，让每个人做自我介绍，同时对白也紧扣人设进行。

最后，这个只花 30 分钟策划的节目，效果完成得非常好。

这些参与年会节目的 IP，就是运用了人设垂直。

☆受众垂直，需要从受众维度去思考

假如你的用户画像是 25~35 岁的宝妈，她们除了对孩子的一切感兴趣，当然也有别的爱好和兴趣点。比如，家庭与工作如何平衡，如何上手一份时间自由的副业，如何快速恢复身材，等等。IP 围绕受众的兴趣点去设计内容，就叫受众垂直。

☆如何选择三种垂直类型

领域垂直与人设垂直在很多时候容易混淆，二者的根本区别在于分享的内容是否侧重于产品。举个例子，雷军作为小米的创始人在各个公开场合分享时，他谈的都是"小米公司的发展""智能小家电的行业趋势"等，这些话语都是极其符合他的创始人 IP 人设的。所以，他输出的内容属于"人设垂直"。

而如果雷军分享的是"小米手机是如何做出来的"，他像产品的工程师一样向受众介绍各种元件。那这时候输出的内容，就属于"领域垂直"。

领域垂直与人设垂直都偏向作者思维，IP 根据自己的情况来决定设计什么样的内容。而受众垂直与它们的不同点在于，IP 需要根据受众的喜好去设计内容，更偏向用户思维。

在设计内容时，这三种类型选择哪一种比较好？其实并没有优劣

之分。IP 可根据自己所处的场合、要发布的平台做出适当的选择。

当然，如果你问，那你们是怎么选的？我们会告诉你，小孩子才做选择，成年人都要顾及。毕竟，个人 IP 聚焦于人。人的特点是什么？复杂、多变、多面。输出的内容如果能做到从各个维度展现，这才是丰富的、立体的、真实的 IP。焱公子和水青衣在各平台上设计与输出内容时，三种类型都会顾及。

打造强大的 IP 内容库

根据个人 IP 的 3 种人设，即专业型 IP、靠谱型 IP、讨喜型 IP，我们会从道、法、术、器 4 个层面来设计内容方向，构建自己的内容库。

◎专业型 IP

"道"的层面，主要围绕原理或底层逻辑。比如，可以写这样的内容：《一个人为什么会越来越值钱？》《百年企业经营心法》

《高效能人士的 7 个习惯》。

"法"的层面，主要围绕制度或流程。比如，可以写这样的内容：《年赚 1000 亿，他们是这样做管理的》《超级微商起盘，用的就是这个模式》。

"术"的层面，主要围绕方法论。比如，可以写这样的内容：《直播间留人率提升 10 倍的超级话术》《手把手教你如何一天涨粉 1000》。

"器"的层面，主要围绕相关工具。比如，可以写这样的内容：《用了它，发朋友圈再也不折叠》《这款素材收集神器，让你写文案效率瞬间提升 100 倍》。

近年来，我们接触了数万名内容人。在他们当中，普通作者对于"术"和"器"这两类内容的需求较高，因为他们希望受众看完内容后能上手即用；而越是高势能作者，越注重"道"和"法"这两类内容，他们认为，受众"更愿意提升自己的心智与认知"。

所以，专业型 IP 适合分享什么内容，视乎你当前的受众群体而定。

◎靠谱型 IP

"道"的层面，主要围绕你的个人成长故事。

再也没有什么内容比"持续成长与破局"更让人觉得靠谱了，焱公子就是这一提法的受益者。他从华为裸辞至今，围绕自己的创业经历和个人成长，写过十几篇故事。每一次产出内容，都有读者因为故事的真实与真诚而关注，进而成为我们的客户。这其中不乏他过去的同事和朋友。

所以，靠谱型 IP 从"道"的角度，可以设计这样的内容：《我坚持写作 10 年，买了两套别墅》《3 年击败所有对手，我们靠的不是天赋，而是另外 2 个字》。

"法"的层面，主要围绕你的客户案例来书写。大家不会相信一个没有成功案例的 IP，也没有人会喜欢率先去做你的小白鼠。比如，可以设计这样的内容：《我就是水青衣那个月入过 5 万的 IP 学员》《1 年服务上千客户，零差评，他们这样评价我》。

"术"的层面，主要围绕跳出立场的观点。前面我们说过，能跳出当前立场，会让你显得靠谱。比如，可以设计这样的内容：《女人真的活得比男人累多了》《当初去做餐饮，一定比做新媒体强多了》。

"器"的层面，主要围绕承认自身的不足。比如，可以设计这样的内容：《我资质一般，主要是运气好》《我不擅长表达，每次直播都很紧张》。

对于靠谱型人设来说，写个人故事和客户案例，优于写跳出立场的观点和承认自身的不足。

为什么？

原因非常简单：从商业角度来讲，前者更容易从正面塑造你的 IP 形象，而后者虽然也能佐证你的靠谱，却未必能让人第一时间萌生想要与你合作的想法。

◎讨喜型 IP

"道"的层面，主要围绕你的价值观和对未来的美好憧憬。比如，可以写这样的内容：《什么是独立女性？这是我听过最好的答案》《不取悦，是我活过最好的证明》。

"法"的层面，主要围绕你对世界的探索与好奇。比如，可以写这样的内容：《与滔滔不绝相比，我更爱做一个倾听者》《这1年新认识 100 人，我的生命被拓宽了 100 倍》。

"术"的层面，主要围绕你的"自黑"。比如，可以写这样的内容：《我半年开垮公司的 3 个心得》《水青衣非要拉我入伙，才华不是重点，一定是觊觎我的发型和颜值》。

"器"的层面，主要围绕颜值＋努力。比如，可以写这样的内容：《颜值即正义？是的》《学霸也没什么秘密，不过是长得好看还努力》。

对于讨喜型 IP 来说，讲价值观和对世界的探索，更优于谈自黑或颜值。原因是，前者更具普适性，更容易引发大众共鸣，完成破圈。

案例解析：如何给 IP 设计内容

客户绮霏销售某品牌营养素，主要通过在小红书、朋友圈、视频号等分享营养知识，塑造 IP。但她发现，做专业化的内容，不管图文还是视频，数据都不好，转化率也低。于是来找我们，希望得到 IP 内容营销方面的指导。

绮霏的转化结果其实在意料之中。在信息时代，受众不缺知识，缺的是如何有趣又轻松地接收知识。就像萌宠不是兴趣点，萌趣才是；美妆不是兴趣点，能让用户变美才是。我们建议她采用"讨喜型＋专业型"相结合的人设，不要只是单纯呈现"营养专家"的专业型人设。

定位上，也让她由"营养师"调整为"内心住着一枚吃货的营养师"。

基于此，IP 的内容体系就设计好了。我们指导绮霏录制短视频《吃对小龙虾，也能让你瘦瘦瘦》《想健康，千万不要吃粽子？》，形式都是她在大快朵颐，儿子在一旁质疑："妈妈要减肥，不可以吃小龙虾！""妈妈，你为什么吃粽子？"

绮霏一边吃，一边从专业的角度告诉儿子，也告诉镜头前的受众，为什么这些东西可以吃，以及怎么吃才健康。

由具体场景入手，加上母子的轻松互动的形式，内容便不再枯燥。当呈现变得讨喜时，受众就容易看得进去，因此视频的播放量轻松提升了数倍。很多粉丝表示，他们对这个一直在吃东西但又很懂营养学的 IP 印象深刻。

本节总结

好内容是带着限定的，越是深耕某个领域，越是"戴着镣铐跳舞"。

我们认为，第一个限定是需要符合你的 IP 人设。不符合人设的内容，一概不要输出。第二个限定是尽可能做垂直内容，越垂直才越有商业价值。关于垂直度，我们又分出了 3 种类型，分别是领域垂直、人设垂直、受众垂直。

基于专业型、靠谱型与讨喜型 3 个 IP 人设方向，我们可根据不同受众的需求，从"道""法""术""器" 4 个维度，去设计内容。

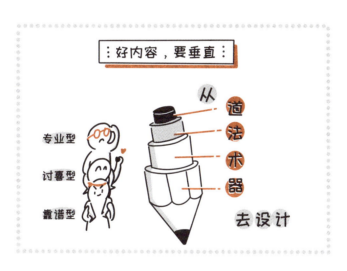

2.3

策爆款：成为平平无奇的爆款收割机，
一篇顶十篇

IP 要打造出一个爆款，都有哪些必不可少的因素？

我们认为，IP 分享的好内容能够在互联网上疯狂传播，至少要满足三个要素：**第一，符合平台调性**；**第二，优质内容输出**；**第三，与用户强相关**。

符合平台调性

现在是一个算法推荐的时代，你的内容首先要符合平台调性，才可能获得好的推荐效果。

什么是平台调性？比如，抖音作为一个泛娱乐平台，你的内容如果跟娱乐、搞笑段子相关，获得推荐的可能性就会高很多。相比之下，快手作为一个粉丝黏度更强的平台，"草根逆袭"的内容会更容易获得推荐。而依托于微信生态的视频号，打"出生"起就带着浓烈的社交属性，展现真实的自己、不装不作的内容，更容易获得推荐。

所以，**平台调性，就是指每个平台独有的特性与气质**。

如果同一份内容，你同步到抖音、快手、视频号三个平台，在其中一个平台火了，并不一定在其他平台也能跟着火。如果想都火，那就得按照每个平台的要求来做精心定制，这叫作"内容匹配平台调性"。

　　其次，无论哪个平台，都有不可逾越的红线。涉政、敏感话题、色情低俗等内容，每个平台都会拒绝。多数平台不容许直接引流用户到其他平台，不允许直接留电话号码、个人微信或二维码等。更有甚者，不允许在视频、文章中提及其他平台的名字。一旦踩了红线，轻则降低权重，严重者会被直接封号。

　　最后，为了能获得更好的推荐效果，你还需要懂得平台的推荐逻辑。以最具代表性的抖音、视频号为例。前者是典型的智能推荐逻辑。平台首先会根据你文本中出现的关键词来确定这是一条什么领域的内容。比如，频繁出现"理财""金融""股票""投资"等词汇，很显然，这是一条有关财经的内容。基于此，平台会首先把它推送给一小撮对财经感兴趣的受众，并根据这一小撮人的反应（直接划走；看了2秒划走；看完；看完还进行了点赞、评论、转发……）来决定是否推荐给更多人，或者收缩推荐。

　　明白了这个逻辑，你就会知道：**要创作出爆款，除了内容正文本身足够有料之外，标题、封面、开头等因素，都是同样重要的。**

　　再来说说视频号。在现阶段，它还是以社交分发逻辑为主，如果有人给你的视频点赞，那么他朋友圈的好友就都能看到——"点赞即转发"。这一举措意味着，假如你的微信好友不够多，或者大家都不点赞，那么你的内容即便再好，也很难出圈。

所以，现在玩视频号除了要做好内容，还需要付出大量精力做好私域的运营与激活，内容与私域相辅相成，才能获得相对好的数据。而当冷启动阶段达到优质效果时，就会进入到公域的推荐流量池。

优质内容输出

曾有学员问过这样两个问题："第一，感觉写出来的东西很空泛，一点儿也不吸引人，连自己都不想看。第二，我平常挺能说，但一提起笔，就压根不知道怎么写。"

其实，两个问题本质上就是一个问题：不知道如何快速下笔，写出一个真正让自己有所触动且足够聚焦的内容。

那么，IP 要怎样做，才能做到"下笔如有神"呢？

◎对内容做细化分解

先来看一篇学员的文章《不要去追求完美人生，因为缺憾才是美》。

这个内容好不好写？不好写。尽管它表达了一个正确的道理，但提法却又虚又宽泛。硬要写下来，似乎也只能告诉大家，你要调整心态，勇于面对自己，接纳自己的不完美，这样才会持续成长。

这样的内容，读者看完后能收获什么？除了点头，似乎也不剩什么了。所以，这种写法叫"伪鸡汤"，即不是真正有营养的鸡汤，而是用调料包勾兑出来的产品，令读者食之无味，一无所获。

那么，怎么能让这份内容的主题变小一点？可以试着在"完美人生"处下一下功夫。

何谓完美人生？

这是个见仁见智的、完全可以重新定义的概念。有人认为做出一番事业、受众人敬仰是完美；有人认为大富大贵、财富自由是完美；有人认为吊打高富帅、迎娶白富美是完美；有人认为一生平安、无灾无病就是完美。而在焱公子的定义里，始终活在自己的节奏里，努力追逐自己想要的，不畏惧、不后悔、生尽欢、死无憾，就是完美。

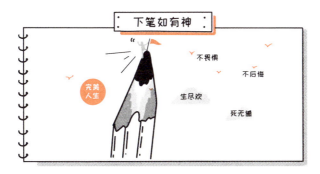

基于此，我们让焱公子以两个小故事来写出他这个 IP 眼中的"完美"。

例子 1：《18 岁从云南远赴东北读书，我与"完美"的距离，是 4000 公里》。

为什么这是完美？焱公子认为，不是学校有多好，也不是选择有多高尚，而是"那是我有生之年，第一次完完全全地替自己做了个决定：我离开家乡，想要去外面的世界看看。它让我从此走上完全不同的轨迹，有勇气孤身一人面对生活中可能随时迎面而来的种种暴击"。

"这个决定，很完美。"

例子 2：时间线往后推，焱公子会这样写：《500 强十年后裸辞跨界创业，我与想要的完美，又近了一步》。

这次，又为什么完美？因为"沉浮十年，我终于决定放下一切，追逐内心真正向往的东西。而这个决定，真正塑造了现在的我"。

内容要怎么落笔？

以上焱公子分享的撰写，就是我们常教学员的一招——对内容做细化分解。

◎ "鱼骨拆解法"做分解

除了对内容做细化分解之外，我们还有另一个秘笈——**鱼骨拆解法**。

"鱼骨拆解法"来源于鱼骨图，由日本管理大师石川馨先生发明，又名"石川图"。鱼骨图本来是一种用于找出问题根本原因的有效方法，但我们发现，把它用在写文章上，一样非常有效。

鱼骨拆解法的本质是透过现象，抽丝剥茧，找出背后真正的成因，进而找出解决方案。在这个过程中你会发现，有太多可写的内容与角度。

举个例子。你是公司新来的主管，发现员工工作效率很低，态度也很消极。你想写份报告，寻求老板的帮助，这份报告该怎么写？直接反映下属工作效率低、消极怠工？这不叫报告，叫告状。同时也容易让老板产生不好的印象：我雇你来干吗呢，不就是解决管理问题的吗？怎么现在都把问题推给我？

运用鱼骨拆解法，我们至少可以先把"员工工作效率低且态度消极"这个现象，拆解出 5 个层面的原因：能力/心态层面、待遇层面、价值观层面、协作层面、管理层面。

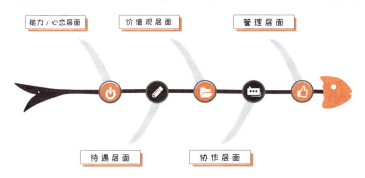

针对每一个原因，在充分调研的基础上，又可以逐层细化：

（1）能力／心态层面，可能存在 3 种原因

01. 如果是技能不足导致的低下与畏难情绪，公司是否可以提供相应的技术培训解决？

02. 如果是缺乏成就感，陷入了职业倦怠，管理者是不是应该多多思考该如何有效地激励员工？

03. 如果本来就是老油条，不爱学，管理者是不是应该用些"雷霆"手段，迅速树立自己的威望？（本例中，暂不讨论裙带关系等其他因素）

（2）价值观层面，可能存在 3 种原因

01. 如果员工本来就不认同公司的理念，管理者是否应该思考如何进行品牌文化建设，树立员工对公司的认同感？

02. 如果员工不认同公司的产品理念，问题可能出在他们根本就不了解公司产品的具体卖点或特性，那么这样一来，进行相应的产品宣讲或培训就很有必要了。

03. 还有一种可能，就是员工不认同上级的管理理念或风格，这种情况通常是因为员工与上司之间做事风格不同、缺乏相互了解所致。那么，由管理者主动发起定期针对性的沟通，就很有必要了。

（3）管理层面，可能存在 3 种原因

01. 也许是目标设置不清晰，或者管理者传递得不清楚，导致下属缺乏方向感，或者完全没法落地，因此才导致效率低和拖延。那么如何更好地传递目标，使员工与部门、公司保持一致，就是管理者应该考虑的问题了。

02. 也许是工作安排确实不合理，远远超出了下属所能承受的范围。

03. 也许是管理者疏于过程管理，导致项目呈现放野马状态，已然完全失控。

（4）待遇层面，可能存在 3 种原因

01. 如果给予员工的薪资水平的确低于行业平均水平，公司可否酌情考虑适度涨薪？毕竟每个人出来打工，第一要务必然是赚钱。

02. 如果薪资水平并不低，那就要考虑激励机制是否足够吸引人？如果大家每月都是拿固定工资，工作表现上优异与一般差别不大，的确容易打击努力工作的员工。在绩效管理优化上，管理者就应该多下功夫了。

03. 如果前两者都没有多大的问题，那么有可能问题出在晋升通道的设计上。在这种情况下，尽早对员工做职业生涯规划沟通，可以较好地管控他们的预期，最大限度避免消极心态的出现。

（5）协作层面，可能存在 3 种原因：

01. 如果一旦涉及跨部门协作，员工就会陷入内耗，工作难以推进，那么一定是"部门墙"太厚，管理者需要在一开始就介入，做好协调工作，拆除部门墙，为项目顺利推进保驾护航。

02. 如果遇到自己解决不了的问题，又不知道如何求助或者不敢求助，员工一样会陷入消极怠工的状态。管理者应该积极引导员工学会向上管理，不要把问题捂在手上。

03.还有一种情况，是员工自身不懂如何沟通，公司应提供相应话术或职场沟通类的培训，有效提升他们在主动沟通方面的意识和能力。

当然，本例中的管理者在分析完这些原因和制定应对策略后，不见得会把每一项内容都向老板汇报。但如果在拆解后能做到心中有数，管理者就一定能更客观、更多元地呈现问题，也才更有可能获得老板的青睐。

对于内容创作者来说，你会发现，使用鱼骨拆解法将一个原本复杂的问题拆解后，至少可以写出几十篇不同角度的文章。这就是有经验的创作者能够源源不断地输出的原因。

举个例子，IP 如何能写出一篇吸引人的个人品牌故事？

运用鱼骨拆解法，我们将之拆出 5 个层面：立意、内容、结构、细节和语言。对每一层面，又可以继续细拆。

（1）立意层面，拆 3 点

01. 从底层逻辑入手，一个好故事的立意，应该遵循哪些原则？

02. 从情感角度入手，你的故事要如何立意，才能直抵人心？

03. 从传播角度入手，你的故事要怎样立意，才能满足破圈的条件？

（2）内容层面，拆 3 点

01. 如何在日常生活中挖掘素材？比如，在日常吃饭、看影视剧或者坐地铁时，如何凭借听到、看到的场景，延伸出一个精彩的故事？

02. 好的素材，尤其是来源于自己真实生活的素材是难能可贵的，只用一次未免可惜。所以，一份素材如何能在不同的故事中多次、反复应用？

03. 讲故事要有对象感，针对不同的受众人群，一个故事应该如何讲出多种版本？

（3）结构层面，拆 3 点

01. 如何根据时间逻辑来写故事？时间不仅会带来容貌的改变，也会带来成长与反思，依据时间逻辑来书写，最容易掌握故事创作逻辑。

02. 如何用空间逻辑来写故事？空间的改变，同样会带来故事。比如，你曾经生活在一个小县城，生活节奏很慢。后来你到了大城市发展，看到的、听到的，自然也与之前相比截然不同。

03. 如何用情感逻辑来写故事？对一篇故事来说，主人公经历了某些关键事件后，认知、心智甚至价值观或许都会产生变化。比如，曾经执着于某个人、某项成就，后来发现都无足轻重。抓牢这种情感的变迁与释怀来讲故事，能够产生动人的效果。

（4）细节层面，拆 3 点

01. 戳心的细节有哪些共性？这是从比较直观的维度，展现好细节都有什么共性。

02. 细节设计需遵循的 3 个要素。这是从设计维度，挖掘如何创作好细节。

03. 跟白描高手学习如何描摹细节。这是从对标的维度，拆解并学习白描高手（例如著名作家阿来）如何写细节。

（5）语言层面，拆 3 点

01. 文笔不好，就不能写故事？这是大部分想要写故事却自认为文笔不好而最终没有落笔的人进入的误区。对于一个好故事来说，文笔从来不是排在第一位的。

02. 打动人心的金句应该如何设计？我们经常会在小说、影视剧中看到、听到一些金句，它能让我们瞬间感觉到，这句话就是我们此刻最想说的。这样的金句该如何设计，想必很多人都会感兴趣。

03. 如何训练个性化的叙述风格？金庸和古龙都是武侠小说中的大家，可他们的语言风格大相径庭。像这样充满个性化的叙述风格，我们在平时的创作中应该如何训练，这些也可以说一说。

针对上述任何一点，你都可以写出一篇翔实的文章。如果把

《如何写出一篇吸引人的个人品牌故事》做成一门课，那么每拆出来一个条目，都可以成为一堂课讲授的内容。

与用户强相关

前文曾提到，内容要引发传播、成为爆款，就要给到受众足够的价值，无论是资讯价值、情绪价值还是商业价值。个人IP要想提升影响力，核心就是持续分享好内容，持续对用户输出价值。

在指导IP学员分享时，我们常常会告诉大家：在内容的质量有保证的情况下，如果希望快速让更多人转发，可以试试我们最常用的一招——"下个钩子"。具体做法就是在分享的内容中设计引流，让用户因为想得到引流品而按照你的要求做出"转发"的动作。这种方式顺应了用户的需求，让用户有强获得感。并且，因为内容本身就是优质的，所以一旦加上引导转发，就会事半功倍。对于平时忙碌的IP们来说，这算是一种耗时少、速度快、效果好的方法。

具体该怎么做？我们总结了3个关键点：

◎**明确引流品价值**。在分享的内容中要赠送的东西，千万不能是便宜的"地摊货"，而要真正对受众有价值，甚至让他们感到稀缺。

◎**与后端产品关联**。顾名思义就是你想送的东西要跟你正在销售的产品密不可分。比如，水青衣做IP顾问时，常常会在分享完内容后给听众赠送《个人IP测评表》。大家填完这个表，大致就能知道自己处在IP打造的哪个阶段，需要弥补哪些方面的不足。

假如她设计的赠品是励志书或小零食，虽然也可能有人来加微信领取，但粉丝精准度一定会差了许多，并且不利于后续的产品转化。

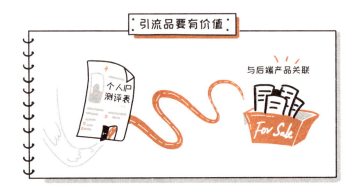

◎**让双方都能获得收益**。这是指对于用户来说，这个钩子能让对方产生获得感，而对 IP 自己来说，既收获了一个精准用户，也不至于"亏本"。我们之前有位学员设计的钩子是送实体书。每一个听了分享、帮忙转发文章的人，只要带着截图来加微信，他都会送出一本书，而且还包邮。一顿操作算下来，成本至少要30 元。才加了不到 500 人，他就直呼"亏了""送不起了"。

还有一位朋友更夸张，他赠送的是自己的时间。每一个转发并加微信的人，都可以获得他一个小时的一对一咨询服务。他把这个钩子给我们看时，我们立即叫停，让他赶紧换掉。老兄，你的时间这么不值钱吗？如果一次加 100 人，那么免费咨询 100 个小时就能耗尽你的全部精力。用户是赚到了，可自己亏大了，这样的钩子是不科学的，千万别再做这样的设计。

基于此，我们得出一个结论：**钩子的边际成本越低，且跟后端产品相关性越大，就越是一个好钩子。**

在互联网上，IP 分享的内容中最常见的钩子设计，就是跟行业相关的电子书或经验总结文档。钩子的作用，除了能促发用户转发、快速积累初始阅读量（播放量）、更快打造爆款之外，还有一个重要作用：通过引流，引导用户加微信，进入 IP 的私域，成为私域流量资产。关于这一点，我们将在第四章《连接》部分详细阐述。

案例解析

私教学员敏敏是一名财富顾问，她之前的产品客单价是 199 元。在社群里辛苦招募，也只是招到二三十人。在我们的指导下，敏敏通过做爆款短视频以及后续下钩子的动作，开设了客单价 6000 元的私教课程，48 小时招募了 20 位私教学员，累积变现 12 万元。我们是这样指导她的：

第一步：撰写自己的个人品牌故事，把它拍成短视频，并拿到 10 万 + 播放数据。（关于如何拿到好数据，之前我们已经进行了精细化拆解，此处不再赘述）

第二步：持续下钩子。我们一共教她下了 3 个钩子。

钩子 1 是视频文案。她的文案讲述了自己在学生时代和工作初期努力帮父亲还债 300 万的故事，除了表明她不服输的个性，也侧面带出了理财顾问的身份。

钩子 2 是视频下方的公众号文章。她在文章里更为详细地介绍了自己是做什么的，能为受众带来哪些价值，同时在文末留了自己的微信二维码。

钩子 3 是她写了一份长达 6000 字的关于爆款制作的复盘文章。讲述自己的视频为什么能在短短一周内爆火，自己都做对了什么，有哪些摔坑心得。她把经验全部制成模板，写在复盘里，普通人照着做，很快能上手。

敏敏持续在朋友圈发布这份复盘，只要点赞就能免费领取。领取后，微信好友会跟她沟通、请教，就在一对一的交流与私教招募会中，做到了转化成交。

通过以上几步，敏敏靠一条爆款视频就增加了数百精准粉丝，完成了 12 万元的商业变现。像她这样，短短一周就做出爆款、获得商业变现的学员案例，在我们的线上课程"小爆款财富营"中还有很多。可扫描前勒口上的二维码，至公众号"焱公子和水青衣"了解。

本节总结

IP 分享的好内容能够在互联网上疯狂传播，至少要满足 3 个要素。**第一，符合平台调性；第二，优质文本输出；第三，与用户强相关。**

平台调性，就是指每个平台独有的特性、气质、红线与推荐逻辑。越了解，才越能生产出平台喜欢的内容。

优质文本输出，就是说我们要学会对文本进行细化分解，鱼骨图拆解法就是一个非常好用的拆解工具。

与用户强相关，即你所生产的内容，一定要切中他们的痛点和需求，因为用户只会传播跟自己有关的内容。

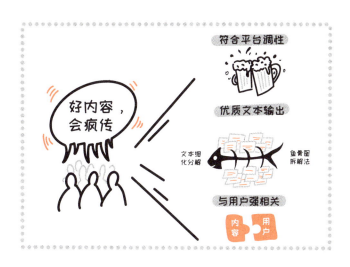

2.4
磨内容：从 0 到 1 打造你的超级内容力

个人 IP 想持续提升影响力，持续对外分享内容是捷径。要保持稳定的内容力，可从 4 个方面着手：选题、开头、结构和细节。

接下来，我们会逐次展开，具体说说如何落地，让你对内容创作的理解提升一个层次。

选题

◎选题就是需求

当你下班后，窝在沙发里点开抖音时，一定会有某一类内容，是你看一眼就知道是自己想看的东西。这类内容能让你立刻产生兴趣，最核心的原因是，你预感到它符合你的某种价值观或期待。

你爱看这类内容的原因无非这几种：要么，这条视频是跟你的生活有关的；要么，它对你有用；要么，你感觉它有趣；或者，你觉得作者跟你的三观一致。

☆这就是选题。选题即需求，用户只会传播戳中他们需求的内容。

◎选题的两种类型

IP 需要持续生产内容，所以挖掘选题的过程就是不断挖掘用户需求、与用户建立连接的过程。我们把需求分为两种：物质需求与精神需求。

物质需求，即柴米油盐。

精神需求，即诗和远方。

用更简单直白的话来说，选题可分为：**今天怎么过？明天想怎么过？**

☆"今天怎么过"一类的选题，常聚焦有代表性的日常生活、怎么赚钱、怎么跟老板相处、怎么安抚焦虑的情绪等。

☆"明天想怎么过"一类的选题，则聚焦未来期待成为的样子、想和谁共度一生、设计一套怎样的商业模式来获取更多经济收益等。

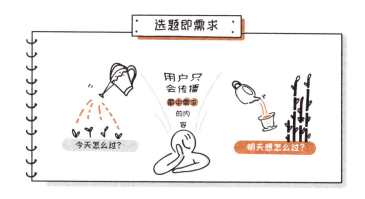

需要注意的是，如果你对着"只顾活在今天的人"说"明天"，他们会觉得你很"虚"。他们会告诉你，要关注当下的生活，觉察并照顾好此刻身在现实世界里的自己，这是必须关注的物质需求。

反之，如果你对着"只顾憧憬明天的人"说"今天"，他们会觉得你很"low"。他们会说，无论活得有多么苟且或不堪，也总有很多时刻，我们憧憬美好、渴望伟大，这也是需要照顾的精神需求。

这两类选题各有优劣，我们在挖掘、选择的过程中，要将二者兼顾。所以，抖音的口号是"记录美好生活"，今日头条的口号是"看见更大的世界"。这两句话，既有对今天点点滴滴的记录，也有对明天美好的向往。

我们认为，能让梦想照进现实，也能兼顾理想和生活的人，才是更厉害的内容创作者。

◎**爆款不等于好选题**

对于个人 IP 来说，爆款并不一定等于好选题。举个例子，很多泛情感或正能量的选题，如小孩子孝敬年迈长辈的故事、恋爱中的争执与反转剧情等，传播率都非常高，但这些爆款和本书所谈的个人 IP 分享内容并不适宜。因为这些爆款的内容缺乏 IP 属性，与 IP 的品牌效应、商业变现联系不够紧密。

☆**对于个人 IP 而言，能塑造你的 IP 人设，且能真正吸引精准受众的选题，才叫好选题。**

◎**好选题要怎么找？**

基于个人 IP 塑造，我们发现了当下最热的 3 个选题方向，分别是个人成长、独立女性、行业知识。你如果不知道怎么寻找选题，完全可以从这 3 个方面下手。

☆个人成长的选题，核心关键词是：时间、坚持与改变

2021 年的一段时间里，有一个经典选题"一个不服输女孩的十年"。但凡按这个选题做出来的内容，无论是图文平台还是短视频平台，可以说"谁做谁火"。

究其原因，是因为不管形式是撰写图文还是拍摄视频，都能让人从内容里感受到岁月的洗涤与变迁。这样的选题，天然就让人感到唏嘘。如果其中的某些细节能让受众感受到创作者的成长痕迹，产生强烈的共鸣，那么这个选题有不错的数据是很正常的。

☆独立女性的选题，核心关键词是：做自己、爱自己

在电视剧《三十而已》里，女主角顾佳说过一段台词："我出月子的第一天，我突然感觉到顾佳已经死了，活下来的是许子言的妈妈。我经常看见许子言我就在想，他什么时候能快点长大，能一个人睡觉，一个人吃饭，能管理好自己的情绪，能把我还给我。"

这段话在播出后，引发了众多女性的广泛共鸣。越来越多的女生开始拥抱自我成长，她们除了是妻子、妈妈、女儿，更是她们自己。

先照顾好自己，再照顾好别人。女性只有好好爱自己，才能更好地爱别人。

☆行业知识的选题，核心关键词是：启发、实用

这类选题更适合专业型IP，属于干货类选题，有两点需要注意。

第一，要基于受众群体来定方向。 如果想吸引资深的经验型受众，你的内容需偏重思维启发方向；如果想吸引新手群体，内容则需要偏重实用技法方向。

第二，尽可能让知识"娱乐化"。 干巴巴、刻板地讲干货在现在已经越来越不受欢迎了。为了扩大传播范围，获得更好的数据效果，讲者应该尽量让知识变得有趣。典型的范例，当属B站的法律博主罗翔。他讲的虽然是严肃的刑法，却包装了逗趣的"法外狂徒张三"梗，让受众一听就迷上了他的视频，从而爆红全网，一年内就做到了千万粉丝。

开头

当你在刷短视频时，什么样的开头会让你毫不犹豫地立刻划走？

学员给过我们很多答案：忙着介绍自己的；一看营销痕迹就很重的；自说自话，讲完还让人不知所云的……

既然自己不喜欢这样的开头，那当你成为创作者时，自然就应该避开这样的开头。在公域平台，绝大部分的受众是冷漠的——他们并不认识你，也就不会关心你。受众关心的是自己。所以，他们对作者与作品的耐心极其有限。大概只需要1秒钟，就能判断"你的内容会不会让我感兴趣"。

因此，不管是视频还是图文，**好开头的作用，就是解决用户**

的"冷漠"。只有把受众留下来，才会有后续的可能，你的内容才能真正破圈。

那么，一个能让人留下来的开头，应该如何设计？我们总结了7招。

◎第一招，建共情

在一开始，就要跟受众建立起情感共鸣。

举个例子。前段时间，一个朋友将她的短视频脚本发给我们看，整篇文稿写得非常走心，但她的开头是这样的："我是×××，来自农村，成长在一个重男轻女的家庭。"

这样的开头，太急了。因为受众还没跟你建立情感关联，他们并不关心你是谁、你的家庭是怎样的。水青衣指导她做了修改："如果没有一个好的出身，你认命吗？我是×××，来自农村一个重男轻女的家庭，可我，不认命。"

这里的句子"如果没有一个好的出身，你认命吗？"就是在跟受众建立共情点。

好开头要尽量说状态，而不是事件。事件平铺直叙，与受众的距离远；而状态能快速让人共情，从而拉近距离。

类似的例子，还有如下这些：

一直顺风顺水，忽然就跌到谷底，你是怎么过来的？

明天和意外，真的不知道哪一个先来。

你有没有注意到，身边的女生越来越独立了？

◎第二招，引好奇

开头就提问，能引发读者内心的疑惑与好奇。举例：

如果你走在街上，遇到一个"无伤大雅"的骗子，通常会怎么办？

为什么有人会被割韭菜，甚至一而再，再而三地被割？

一单生意只赚1块钱，你做吗？我做。

◎第三招，反认知

提出明显有悖于常理的观点或看法。举例：

你想创业吗？直接倒闭的那种。

不发一分钱底薪，所有员工3年都不离职，他们是傻吗？

客单价从1000提到10000，我一天就多卖了50单。

◎第四招，造场景

故意限定或聚焦某些具体的场景，以便让经常出入那些场景的受众更有代入感。举例：

在国外机场时，千万别跟陌生人搭讪。

去健身房时，你一定做过这3件事。

◎第五招，做反转

刻意制造冲突或反差，引发用户的兴趣。举例：

我爸中了500万后，我的日子更难了。

那个富二代每周约我吃饭，却从不买单，但我就是愿意请客。

◎第六招，提争议

提出一个明显充满争议性的话题，让支持和反对的双方能不自觉地涌起辩论的欲望。举例：

遇到真爱跟现任提分手，算不算渣男？

那些抢红包多过发红包的人，是不是真的不值得交往？

◎第七招，抛利益

开篇就明确抛出一个利益点，吸引用户看下去。举例：

学会这一招，让你开口就赚到钱。

3个视频号"傻瓜级"技巧，小白都能日涨500粉，你想知道吗？

☆开头之所以重要，是因为它要负责解决用户的冷漠。如果无法解决，你后面的内容再精彩，也注定会流失大量的潜在用户。从实际操作层面，我们提供了7种"1秒留人"的方法。分别是：建共情、引好奇、反认知、造场景、做反转、提争议和抛利益。IP们可以基于自己的实际情况，活学活用，举一反三。

结构

好开头只能一时留住受众。有一个好的结构，才能"勾着"

大家从头看到尾。那么，IP要设计怎样的内容结构，才能让人欲罢不能，看到最后?

不同的内容类型，适配的结构是不同的。我们重点来讲3种类型：干货型、观点型及故事型。

◎ **干货型结构：亮点 + 描述 + 干货 + 转化**

☆**亮点**：你最近取得了什么亮眼的成绩，或者获得了什么里程碑成就，又或者有什么"圈粉事件"。例如"我一场直播收了40万打赏""我爆了一条千万播放的视频""我走在街上突然被一个迎面而来的美女套路了"等。

这些信息如果放在内容的最前端，能迅速吸引用户的注意。

☆**描述**：简单描述你的成绩、里程碑成就或其他引人注意的事件所发生的过程。

☆**干货**：写你的复盘总结，包括心得收获、摔坑经验、行动清单等。

☆**转化**：这一步未必要成交用户，更多是给用户一个持续关注你的理由，或者将他们引导到你的直播间等。

我们举两个焱公子自己做的内容案例。

焱公子曾写过一篇文章《我被发"小卡片"的鄙视了》，以下是文章与焱公子的拆解。

01【亮点前置，我是这样开头的】

一个男人独自出差久了，为了省钱，住的酒店没有那么正规，他最容易遇到什么呢?

没错,发小卡片的。

02【描述,说说这是怎么回事】

那一天,我正在电脑前码字,突然听到门外传来诡异的摩擦声。当时我跟门的位置是这样的:我轻轻走过去,看见地上躺着十几张小卡片。

…………

第二天傍晚,我刚准备出门吃饭,一拉门就看到一个黑影蹲在门口,穿黑色连帽衫,右手中指和食指夹着一把小卡片,正要对准门缝往里飞。我俩四目相对有点尴尬,我跟他说,我不需要,你去别人家投放吧。

…………

第三天晚上,为了表达我的敞亮,我就直接把房门开着。8点左右我听到由远及近的脚步声,黑衣兜帽男又来了。我问他怎么又来了,不是说不需要吗?

我决定反守为攻,我说,你这是浪费时间,卡片印刷不要钱啊?你们老板不考核转化率啊?你想不想知道怎么提升转化率呢?兜帽男一脸懵地看着我说,哥你说说看啊。

03【开始上干货】

我说,你知道二八原理吧,首先,你就不要在没意向的人身上浪费时间。

其次,你们的文案简直太差了,好的文案应该直抵人心,让人立刻萌生买单的冲动，你们这就是王婆卖瓜。

再次，成交的前提是建立信任，你们只知道直接硬塞，是不是太粗暴了？我刚好教文案和成交，你要不要来学一下？

兜帽男像看傻子一样上下打量了我几秒，然后弯腰一边捡地上的卡片，一边同情地说：我知道了哥，打扰了，我不会再来了。

然后他就飞快地走了，果然再也没有回来过，只剩我在风中凌乱。

04【千万别忘记做转化】

……认同的双击给个小心心，左上点个关注，我之后接着给你讲好玩的故事。

当然，这是一篇非典型的干货。我们前面也说过，要用一种有趣的方式来呈现干货，这样更有利于破圈传播。从最终反馈来看，这一篇内容的数据很不错，不到 3 小时播放量就破万了。

第二个例子。焱公子拍摄过一条短视频《那个男人凭啥轻松收 1 亿》。主要内容是对某公司创始人老 J 做的一场营销事件进行叙述与观点输出。

以下是短视频文案与焱公子的拆解。

01【亮点】

发 1 条视频就成交 1 个亿？这不是天方夜谭吗？但是，它就是真实发生了。

02【描述】

我先说说事情背景。前几天，某抖音大咖找老 J 买了一台劳斯莱斯，事后在抖音上发布了一条短视频。内容很吸引眼球："你被老 J 割韭菜了吗？被他割韭菜，是你的荣幸。"

这条视频引发了大量传播，给老 J 带去了 1 亿多的购车业绩。同时，据老 J 说，还有 9 个亿的豪车意向客户正在洽谈中。

03【干货】

9 亿对于普通人来说，无疑是个天文数字。除了"吃瓜"，我们还能从这件事上收获到什么呢？我总结了 3 个点：有记忆点的创始人 IP、产品与供应链、营销文案。

今天我们先讲第一个点：创始人 IP。

……

发现了吗？普通人想打造个人 IP，一是确立自己的核心关键词，二是打磨好对外宣发稿，精准传播。

你要知道，无论你是创始人、牛人，还是白得不能再白的小白素人，找到自己的核心关键词，持续在你能触达的各种渠道造势与传播，你这个 IP，就能够被世界看见，也就有了影响力。

……

04【转化】

以上就是我总结的第一点——打造有记忆点的 IP。由于篇幅原因，另外两点我会在接下来的短视频里呈现，点上方关注我，就不会错过。你也可以点下方链接，完整的文字版都在里面了。

☆从以上两例，我们能看到，干货型结构中的亮点、描述、干货、转化，既紧密联系，又各有分工。各模块合理分配，给受众获得感。

◎观点型结构：阐述＋解释＋背书＋升华

☆**阐述**：开篇说观点。

☆**解释**：对你的观点进行解释，你为什么这样认为。

☆**背书**：找到一些名人、权威、社会公知等言论作为论证，证明不是只有你这样想，专业理论中也曾出现。

☆**升华**：呼应开头，进一步唤起用户的情绪。

举例，以我们指导 IP 客户做的两例内容来做拆解。

第一例，《都是成年人，别动不动就崩溃》。

01【阐述】

你特别沮丧的时候，会轻易让人看出来吗？我不会。

02【解释】

我有一张躺在草坪上晒太阳的照片，是朋友帮我抓拍的，说我真会 enjoy free time（享受自由时光），一副人间值得的样子。

事实上，我那天因为弄丢了一个项目，心情很糟，是偷偷从公司跑出来散心的，但我也并不想让朋友知道。

03【背书】

美国埃默里大学（Emory University）教授马克·鲍尔莱说，一个人成熟的标志之一，就是明白每天发生在我们身边99%的事情，对于别人而言根本毫无意义。所以一个成熟的人，应该学会跟自己的情绪相处，力所能及的情况下，别麻烦别人……

04【升华】

况且，生活总有裂痕，可是宝贝们，满是裂痕却始终没有崩开，不是才更酷吗？你们说呢？

第二例，《长大以后，你还敢不敢做自己？》

01【阐述】

长大以后，你还敢不敢做自己？

怕什么？有什么不敢的！

02【解释】

昨天我在朋友圈更新了一条动态，我说，活得真实的人真的好少。

没想到就这么一句话，竟然让朋友圈炸了。其中一个朋友的回答让我印象非常深刻，他说，因为摘掉面具所要付出的代价，不是谁都能承受。

03【背书】

这让我想起了英国女作家弗吉尼亚·伍尔夫说的一句话："不必行色匆匆，不必光芒四射，不必成为别人，只需做你自己。"然而现实却是，很多人长大后就再也没有做过自己，你明明就是看不惯对方人前人后的虚伪，却也不得不戴上微笑的面具来假装应对。

到最后，终究还是活成了自己讨厌的样子。

04【升华】

我一直都坚信，做自己这件事情从来都不需要怀疑。因为真实才是人活在这个世上的根本。So, just be yourself！姑娘们，你们认同吗?

☆我们能看到，观点型结构中的阐述、解释、背书与升华是层层递进的，不仅说服力在逐次提升，同时情绪也在不断上扬，在最后的升华达到了顶峰。

◎故事型结构：共情 + 简述 + 细节 + 金句

☆**共情**：这是与用户建立连接的最好方式。在前文阐述开头时，我们重点提过。切记：你的故事再精彩，也要先与受众建立关联，再引出自己的故事。

☆**简述**：简单描述故事的经过。

☆**细节**：对简述做强有力的补充。因为一个故事单有叙述是不够的，打动人心的永远是细节。

☆**金句**：细节说完后，只是故事线结束了，情感线还没有完结。受众并不仅仅是想听 IP 讲故事，他们更想在故事里照见自己，想听到你说出他们心里的话。所以，以一句能撞击受众内心的金句来结尾，效果会加倍。

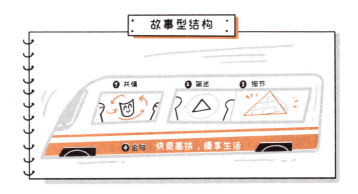

举例，以两篇焱公子的内容来做拆解。

第一例、《放弃大城市回小城市，你后悔吗？》

01【共情】

放弃大城市回归小城市，你后悔过吗？2012 年，我结束 7 年北漂，回到家乡。有没有过纠结？有的。但我不后悔。

02【简述】

去年有一天，我爸骑电动车出了车祸，手脚擦破了。我赶到现场，扶住他的一瞬间，我呆住了。

03【细节】

我好像捏到了一团棉花。他的手臂上，竟然几乎没有肌肉。

要知道，我爸年轻时是非常强壮的。小时候他打我可疼了。"在我忽略了家人、只顾打拼的这些年，岁月究竟对父亲做了什么？那一刻，我多希望他依然力大无比，能像当年一样揍我。"

那一刻，我才真正认识到，我放弃北京回昆明，是无比正确的决定。

04【金句】

生而为人最大的幸福，是子欲养，亲尚在。

第二例、《为什么你妈妈很难被你骗？》

01【共情】

你有没有发现，妈妈这种生物很奇特。她可能会被老姐妹骗，会被卖保健品的骗，但唯独很难被你骗。有时候你以为你撒的谎她信了，但也许她只是不想揭穿而已。

02【简述】

2015 年下半年我从华为裸辞后，怕父母担心，没有第一时间告诉他们。每次去他们那里，我都还穿着以前的衣服，背着电脑，但去的第二次我妈就问："儿子，你是不是不在华为了？"我说没有啊，还在啊。

03【细节】

她没说话，给我碗里夹了块肉，让我多吃点。后来从我爸嘴里我才知道，我不像以前一样电话不断，眼睛也比之前明亮了很多。这种变化，我妈只用一眼就看破了。

这大概是最典型的中国母子关系吧，含蓄、内敛，只报喜，不报忧。

04【金句】

她什么都知道，只是不说。

我们羞于表达浓烈的情感，却从来没有当面对妈妈说过"我爱你"。可能以后也很难说出口。

☆从以上两例我们能看到，故事型结构中的共情、简述、细节与金句，是在用户和创作者之间来回弹跳的。一开始我们需要运用共情拉近与用户的距离，再从容地叙述故事。故事讲完，用户的情绪还没有完全释放，就需要给出一句金句，既是点题，也是情感线的完结。

开头只能解决"1 秒留人"，而结构解决的是如何让用户一直留到最后。针对 3 大内容题材，我们分别给出了 3 种好用的文案结构。

干货型结构：亮点＋描述＋干货＋转化。

观点型结构：阐述＋解释＋背书＋升华。

故事型结构：共情＋简述＋细节＋金句。

牢记这三个公式 24 个字，你的文案就不会跑偏，一定能更好地抓牢用户，让他们心甘情愿地看到最后。

细节

当你看一部电影时，什么让你忍不住泪流满面？

答案是，某个触动人心的细节。

细节刻画，考的不是 IP 的文笔，而是对这个世界的洞察。什么是好的细节？我们将之归纳为两句话：**一个具体的行为，或者，一句个性化的语言。**

前文讲述故事型结构时，焱公子曾写到一个细节："我好像捏到了一团棉花。他的手臂上，竟然几乎没有肌肉。要知道，我爸年轻时是非常强壮的。小时候他打我可疼了。""捏爸爸的手臂"，就是一个具体的行为。它是一个打动人心的细节。

焱公子的线下课"IP 引爆增长"就有一道习题，是让学员分享他们喜欢的电影中最难忘的一个场景。没来上课前，总是有学员说自己不会写细节，但在上课后，他们往往能绘声绘色地讲出令自己印象深刻的片段。

说一个例子。有学员讲述了贾玲《你好，李焕英》里令她落泪的一个场景。

贾晓玲机缘巧合穿越，回到过去遇见了年轻时的妈妈李焕英。贾晓玲很努力，却发现一切始终没有改变。在电影的尾声，贾晓玲的朋友调侃自己妈妈针线活不好，贾晓玲看着裤子上可爱的小熊头补丁，笑着说："我妈妈以前也不会缝。"

当镜头定格在精致的熊头补丁上时，贾晓玲突然愣住，她哭着说："可是，我妈现在也还是不会缝啊。"

她终于明白，为什么自己穿越回到过去努力改变一切，但还是没有发生变化的原因：原来，年老的妈妈和她一样，也带着记忆穿越了时空。的确，年轻的妈妈是不会缝补丁的，可现在这个漂亮的补丁，却是出自穿越回来的年老的妈妈的手啊。

无论年轻还是年老，妈妈都做出了始终如一的选择：为了女儿牺牲了自己的幸福，不肯改变过去。

可是，我妈现在还不会缝啊……

一句"可是，我妈现在也还是不会缝啊"，触动了所有观众的心。

那个学员讲得十分动容，课程现场也有不少人跟着湿了眼眶。

这正是细节的力量。

焱公子很喜欢超级英雄类型的电影，但一直不太喜欢超人。因为超人太完美了，没有成长，本质上也就缺乏行为动机。

他一直不太理解，超人为什么一定要拯救地球？是吃饱了没事干吗？但电影《超人归来》中的一个细节，完美解答了焱公子的这一疑惑。

在那个片段里，离开地球 3 年的超人，忽然回来寻找女友露易丝。露易丝非常生气，她质问超人："你还回来做什么？你看你没在的这 3 年，我们地球依旧好好地运转着，根本不是缺了你就不行。你为什么就不能好好待在我身边？为什么非要逞英雄，非要自以为是地去拯救世界？"

超人没有说话，他托着露易丝的腰，带着她一起笔直飞上了天空。他们越飞越高，越过了云端，露易丝看到了从未见过的辽阔风景。

超人问露易丝："你听见了什么？"露易丝摇头："除了风声，什么都没听到。"

超人不说话了，镜头切到了他的视角。无数的求救声、枪声、痛苦呻吟声，如洪水一般涌过来。超人脸上露出痛苦又悲悯的表情，他轻轻对露易丝说：**"可是，我都听得见啊。"**

说完，他带着她回到地面，随即冲天而起，继续去拯救世界了。

焱公子说，这是他所看过的对超人行事动机最好的解释，也正是因为有了这个细节和这句极有个性的语言，超人的形象在他心里不再是个刻板的纸片人，而变得丰满、可敬。

对于需要做内容的 IP 来说，在创作中，细节是绝对不可或缺的。

真正打动人心的，永远都是细节，而刻画细节，并不困难。你只需要刻画一个具体行为或者一句个性化的语言。

要注意一件事：读者有脑子有眼睛有耳朵，创作者只需直接呈现行为或语言，不要评价，留给读者自己去思考、观察、聆听、感受即可。这是塑造一个好细节最基本也是最核心的原则。

本节总结

我们谈内容，很多时候觉得它不可捉摸，是个"虚"词。但当我们落地实行、细细拆解后会发现，内容其实是由选题、开头、结构、细节等元素共同构成的。

所谓做好内容，就是把有关内容的每一个模块，都做到位、做极致。

好选题要明确用户需求，因为用户只会传播戳中他们需求的东西。

好开头的作用，是解决用户的冷漠，让他们愿意为你的内容多做停留。

好结构需要"勾着"用户，使其欲罢不能、一直看到最后。

好细节，是你的内容能够打动人心的秘密武器。

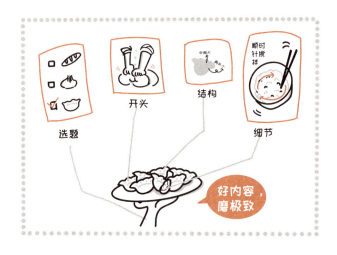

第三章

流量：打造个人 IP，就是打造超级掘金池

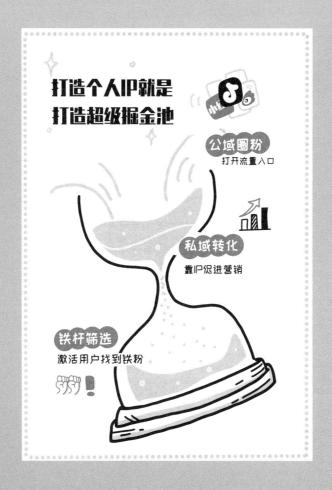

公域平台的认可对一个想要通过分享提升影响力的 IP 来说举足轻重，而私域商业链对于营销转化的作用同样不可小觑。公域加私域两条腿走路，是每个 IP 获取流量、完成创富的不二策略。

- ◆ 触公域：多平台布局，打开流量入口
- ◆ 建私域：在微信生态，有 IP 的人更容易私域掘金
- ◆ 精筛选：唤醒沉睡用户，找到"1000 个铁杆粉丝"

近几年，"公域流量"与"私域流量"两个词大火。实际上，这两个词并不新鲜。

什么是公域？

公域分为线上公域和线下公域。线上公域有百度、腾讯、淘宝、头条、抖音、快手、小红书等，而商场、商业街、核心商圈、超市则为传统的线下公域。从商家角度，无论是线上的百度、腾讯、淘宝、头条、抖音、快手、小红书，还是线下的商场、商业街、核心商圈、超市，这二者所产生的客流量，都属于公域流量。

私域是相对于公域而言的一个概念，现在也特指微信生态。因为在微信生态内，你才可以随时触达与管理，沟通与转化粉丝和用户。

在互联网浪潮中，个人IP持续稳定地在公域输出内容、提供价值，从而获取流量，并将其转化为用户，是最常见的商业变现方式。

而从公域平台将粉丝导入IP的个人微信，使其成为IP的私域流量，进而成为私域用户，是从引流到转化的一套行之有效的IP营销机制。

对于 IP 来说，这是一个最好的时代，自媒体的蓬勃兴起，让创作门槛相对降低，人人皆可上手；但这也同样是个复杂的时代，即使埋头拉车、苦心练功，也未必能确保你的内容受人欢迎，更不用说树立人设与加强影响力。

"内容为王"是一句耳熟能详的话，但实际上，内容并不是唯一的王。真正的好内容，需要适配平台调性、符合平台逻辑，同时又要深谙平台用户心理，这样才能真正达成广泛传播的商业诉求。从这一点上来讲，在"内容为王"之前，更应有"平台为王"。

可以说，公域平台的认可对一个想要通过分享提升影响力的 IP 来说举足轻重，而私域商业链对于营销转化的作用同样不可小觑。公域加私域两条腿走路，是每个 IP 获取流量、完成创富的不二策略。

触公域：多平台布局，打开流量入口

只要你选择在网上发布内容，就会有一个"裁判"，他会从一开始就决定你的内容好不好、值不值得推荐给更多人。这个"裁判"就是各个公域平台的规则标准。

"裁判"们是一群绝对冰冷、理性、苛刻的"家伙"，眼里揉不得一粒沙子。你的内容只有得到他们的认可，才具备传播的可能性。所以，我们能看到，之前以社交机制为底层逻辑的粉丝黏度最强的公众号，这两年都在不断调整迭代，比如，加了"在看"、更改推送模式等，目的就是让"裁判"做出更准确的裁定。

所以，如果 IP 输出的内容不能精准适配公域平台调性且难以获取平台推荐，哪怕你自己觉得这份内容美得像朵花，到最后也极有可能落得"孤芳自赏"、无人点赞。

IP 要了解公域平台的推荐机制

只有清晰了解并掌握平台的推荐算法，才能更好地在平台上运营，也才能更有针对性地取标题、写内容，以期使曝光、收益与影响力最大化。下面，我们以智能推荐算法中极具代表性的平台——今日头条为例，来说一说何谓平台算法。

今日头条跟公众号最大的不同之处是，即便你没有粉丝，但只要内容足够好，标题足够吸引人，一样可能成为爆文。因为这个平台的算法逻辑就是：把好的内容，推送给最合适的人。

那么，头条系统如何判别一份内容为好内容，又如何找到最合适的人呢？它的内容推荐算法，按照时间顺序可以分为 3 个阶段：**关键词抓取阶段；冷启动阶段；采集用户反馈阶段。**

◎关键词抓取阶段

☆系统通过提取你的标题和内容里相对具备标识性的词，来判断你的这篇文章属于什么领域。举个例子。焱公子之前写过一篇爆文，标题是《"34 岁，华为 8 年，公司说不再续约"：会抬头看路，才走得更稳》。

首先，从标题上，系统就提取到"公司""华为""续约"这几个关键词，很明显都是跟职场相关的。在文章内容里，又多次高频出现了"老板""员工""辞退"等信息，它们也同样是职场热词。系统提取到这些词之后，就会得出结论：这是一篇标准的职场领域文章。

其次，系统根据关键词匹配领域之后，会基于大数据去寻找对职场、华为、裁员可能感兴趣的用户。

系统是怎么找到相应用户的呢？用户在头条平台的浏览记录、动态以及注册时留下的标签，都能成为寻找的"蛛丝马迹"，这是比较容易匹配的。那些对职场领域感兴趣的用户读到了匹配的内容，就更愿意打开该领域的其他内容。这样，焱公子这篇文章匹配上了"对的人"，被打开的概率就高了。

这一篇文章当时获得了 50 多万阅读量。在其他自媒体平台也都有几十万甚至上百万的阅读量，全网的数据总量都很不错。

通过焱公子的这个例子，我们了解了平台算法。

那么，假如你定位为育儿领域，如何让你的文章被系统认定是育儿领域？很简单，在标题和内容里出现"宝妈""宝宝""熊孩子"等词，并且尽可能高频出现。关键词抓取越精准，推送到的对象才越精准。

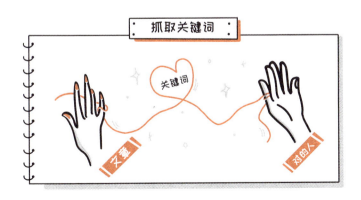

☆在关键词抓取的同时，系统还会对你的文章进行预审。

审什么?

审这篇文章是不是标题党，标题有没有错别字，内容是不是色情低俗，有没有违法违规。如果有，要么直接打回，要么不给推荐，也就是常说的"限流"。严重的还有可能会被扣分甚至封号。

哪些情况属于标题党? 从平台的角度，大致可分为 4 种:

第一种，过分夸张。

我们在这里细分出 3 种"夸张"，分别是情绪夸张、事实夸张、范围夸大。举例来说，"惊呆了""吓尿了""当场崩溃"等之类的描述，属于情绪夸张。

明明只是河里游过一条水蛇，非要说"今天某河出现一种可怕的不明生物，吓坏了钓鱼的老大爷"。这叫事实夸张。

"99% 的人""14 亿中国人都不知道"，这种描述叫作范围夸张。

以上都是典型的标题党。

第二种，滥用悬念。

首先，滥用"竟然""居然"这类词，或者标题只说前半句，后半句故意用省略号。比如:《惊! 在人来人往的公园里他竟然做这样的事》《我的白发全部转黑是因为⋯⋯》。

其次，故意指代不明。如:"注意! × 分 × 秒后有惊喜!"

以上二者，都属于滥用悬念。

第三种，色情低俗。

要注意的是，露骨描述两性话题、明显露点、性暗示，包括过于暴露的封面图片，胸部、腿部特写，伦理问题，分娩图片，等等，都属于色情低俗，会被限流乃至封号。

第四种，文题不符。

这个很容易理解，就是挂羊头卖狗肉，标题写的是一回事，文章说的又是另外一回事。

◎冷启动阶段

分析完文章关键词，系统就要给你推送用户了，但这时候，其实它并不知道你这篇文章是不是好文。这怎么办？那就先推给一小撮人试试效果。于是，系统初始就会给你一个基础推荐量。具体是多少，各平台是不同的。

我们假设今日头条的初始推荐量是1000，那么就是说，它会将你的这篇内容率先展示给1000个人看。这1000人是系统根据关键词给你找出来的，有可能是没看过你内容的陌生人，也有可能是已经关注了你的粉丝。

推送之后，系统就会进入正常推荐流程。它会基于这1000个人的反馈，来决定是增加推荐量，还是收缩甚至停止推荐。

值得注意的是，系统推送后，会有两种情况导致你的浏览量非常低。

第一种情况是，你的关键词模糊，系统分析出现偏差，就没推送给与该领域相关的用户。可能推给了不喜欢你这个领域的用户，当他们看到不感兴趣的内容，就会迅速关掉。

第二种情况是，有一些号主的粉丝是通过抽奖或买粉得来的，质量很差，甚至不是"活粉"，只是个"僵尸账号"。那么，内容推荐到这些低质粉丝面前，他们不会也点开，浏览量自然就上不去。

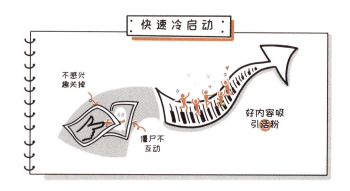

所以，要杜绝这两种情况，一是要认真设计关键词，二是踏踏实实地做输出、圈粉，通过好内容吸引高质量、愿意互动的"活粉"。

◎采集用户反馈阶段

☆图文内容的推荐与反馈

不管是在冷启动阶段还是正常推荐阶段，当你的文章推送给用户时，都有可能发生下面 5 种情况：

第一种，看到标题就不感兴趣，于是一眼也不肯看下去，直接关掉；

第二种，看到标题后迫不及待地点开，认真读完，觉得文章非常好，点了个赞，甚至留言或转发；

第三种，点开了标题，但是只读了两段就感觉实在读不下去，于是退出去了；

第四种，只看标题或开头一两句，就快速拉到文末，给你一句负面评论；

第五种，因为各种原因，直接举报你的文章。

以上所有行为，都会被系统"记录在案"。记下后，系统会开始做出分析：

如果你的文章打开率高、用户停留时间长、读完率高、正向留言多、点赞与转发数据好，系统就认定这是一篇好文章，值得推荐给更多的人看，因此放量推荐。反之，如果打开率低、跳出率高、负面评论居多，甚至还有投诉举报，系统就会做出相反的判断。

以上，就是今日头条平台的内容推荐机制。

了解了这个基本原理，我们就懂得了要想在今日头条平台出爆款，就得既"搞定机器"，又"搞定用户"。而这就需要你的标题和内容都做到优质。像小红书、百家号、大鱼号、趣头条等使用算法机制的平台，图文内容推荐逻辑也都是类似的。

☆视频内容的推荐与反馈

说完了图文，我们再来说说视频的推荐逻辑。其实从底层原理来讲，二者几乎是一致的。对于图文来说，最重要的指标是打开率和读完率，而对于视频来说，最重要的指标是打开率和完播率。除了标题的重要性不言而喻，视频的前3秒跟图文的第一段内容一样，都是至关重要的。

但与图文相比，视频尤其是真人出镜的视频，更容易与受众建立连接，所以除了内容，创作者本身的形象、环境背景、画质清晰度、视频尺寸以及场景设计等元素，也都很重要。

各个平台都有自己的规范要求与调性要求。以视频尺寸来说，抖音、快手平台是以9:16的竖版视频为主，而西瓜、百家号、趣头条等平台，则以标准的16:9横屏为主，微信视频号又以1:1或6:7为主。如果想获得更好的推荐效果，你首先要从视频规范上去满足各平台要求，否则很容易被算法模型打压，流量会受到明显限制。

从调性上看，抖音更青睐剧情、娱乐化的内容；快手更接地气，是草根展示自己的不二舞台；B站已然由最初的二次元空间，成为各种深度、冷门知识的聚集地，诸如罗翔、半佛仙人与观视频工作室等头部UP主们，领域从法学、社会学到泛财经、科学、文学、历史等，囊括了年轻人各种主流和非主流的学习需求。

在2020年西瓜视频好奇心大会上，官方提出将投入20个亿，来扶植优质的"中视频"创作。

所谓的"中视频"，即时长在1~30分钟的视频，是对应1分钟以内的"短视频"而下的定义。很明显，西瓜所对标的对象正是 B 站，他们期望能够吸引更多求知的年轻人，同时进一步提升自己平台的调性。因此，如果你有足够的知识储备又跃跃欲试，不妨投入时间和精力去尝试一下西瓜视频。

2020 年最大的创作风口，无疑是拥有着最大的日活用户、最强粉丝黏度基础的微信视频号，它背后连接的是庞大的微信生态。视频号虽然也是推荐机制，但其分发逻辑和抖音、西瓜并不相同。它的底层，还是基于社交逻辑：只要有人给你这条视频点赞，你的视频就会出现在他的动态里，从而被他的微信好友看见。

当你在抖音或西瓜发布了一条视频后，若内容符合平台调性，就可以纯依靠算法推荐完成冷启动，甚至成为爆款。而同样的视频发在微信视频号，如果没有初始"助推"，就会很难进入更大的流量池，自然也很难成为爆款。

这也就意味着，私域基础扎实的人做视频号会有一些先天优势。我们常和学员说，你若没有私域基础但又想做视频号，就可以从现在开始，努力经营好微信与社群，以便为自己的视频号建立冷启动的基础。毕竟，种一棵树最好的时机是十年前，其次是现在。

以上，就是当下较主流的平台算法逻辑。当我们足够了解各个平台的调性、算法与偏好后，就能更好地完成初期筛选，从而获得更好的数据反馈。

IP 要学会在多平台掘金

自媒体平台有很多，IP 如果全部都想选，运营成本太高，很难玩得转。

对于新人 IP 或个体运营者，我们建议采用"2+N 原则"，即选择两个主平台，带一堆辅助分发平台。

下面我们以焱公子为例，来看看他是如何选择的。焱公子在 2018 年 9 月才开始正式运营自媒体，全网同名。

◎图文平台

首先，在图文主阵地，焱公子选择了微信公众号和今日头条。其他诸如百家号、企鹅号、大鱼号、趣头条等主流平台，当然也都进行了注册，但并没有输出内容，只是把发在微信公众号和今日头条上的文章做了复制，发到其他平台赚取流量广告费，在运营上属于轻运营。

焱公子为什么会选择公众号和今日头条作为主阵地？这是他和水青衣对多平台做了要素拆解后得到的结果。

一开始，焱公子与水青衣就制定了两种行动模式：一是传统的写手做法，一个一个平台发文去尝试，实践出真知；二是挑出平台，按拆解表去研究，依靠打分制度得出结果。拆解的要素，包括头部作者变现力、内容生态、平台调性、读者黏度、日活用户、流量单价等 8 项要素。通过分值，确定自己是否适合入驻这个平台。

两个人决定各自使用一种行动模式，一个月的实践得出了结论：第一种模式比较浪费时间。虽然两个人都是职业写手，都有着大量的实操经验，但各个平台有其独特性，每进入一个，就等于进行了一次摸石头过河，效率低且有失偏颇。而第二种模式，只需要做好数据化、加强版拆解，就能运营得当。

下图就是当时做的拆解表，以其中 4 个自媒体平台作为拆解目标：

焱公子的平台拆解表 (1-9 分，数字越大，选择度越高)				
	微信公众号	今日头条	百家号	企鹅号
头部作者变现力	9	9	3	2
内容生态	9	9	3	3
平台调性 (读者层次)	6	3	4	3
读者黏度	9	6	3	3
日活用户	9	9	5	6
内容创作难度	8	4	4	4
后续潜力	3	9	3	3
流量单价	2 (需要点击才高)	3	6	2

如图所示，从 8 个维度对平台进行评估，分值是 1~9 分，分数越大，选择度越高。

我们主要来看一看微信公众号和今日头条。

☆布局公众号

先看最高分项，微信公众号有 4 项，分别为头部作者变现力、内容生态、读者黏度和日活用户。对于作者来说，这是最核心的 4 个维度，所以在当时，哪怕是现在来看，公众号也仍是图文自媒体中极具商业价值的存在。

我们布局公众号，持续对外输出，提升 IP 影响力的过程，历经了 3 个阶段。

1. 试探期

2018 年，公众号已呈式微状态，身边的很多 IP 朋友都劝我们不要再放心思去做公众号，认为其进入晚、难涨粉、变现少。甚至还有朋友以自身经历来苦口婆心地提醒我们：这是一场可以预想到的困难，初期你没有粉丝，阅读量很难起来，也没有钱去做推广……

在研究了一个月之后，我们发现，说公号做不起来，并不完全对。因为还是有一部分作者进入虽晚却玩得极好。那么，他们一定是掌握了某种能够玩得转的逻辑。

焱公子当时就做了 3 件事。

第一，挑选赛道。他挑出 3 个自己可以驾驭的领域：情感、故事、职场。

第二，对标账号。他分别找出几个领域排行前十的比较有代表性的大号，认真研究这些账号的玩法。

第三，拆解玩法。按照拆解表的步骤，通过细致拆解，得到以下结论：

情感号，大致有这么几种定位：温暖风、抚慰人心路线；追热点、撩拨情绪路线；站在女性的角度，为女性说话的路线。

故事号，除了头部几个纪实性质的，比如真实故事计划等，最多的是家长里短、男欢女爱的伦理故事。这种故事受众虽广，但焱公子觉得自己难以驾驭。

焱公子选择的过程很有代表性。他一开始觉得自己文笔细腻，做情感领域没问题；然后又认为自己想象力强、故事写得不差，但是通过拆解发现，在"我觉得"与"数据觉得"之间，真的隔着一条鸿沟。

IP 们在选择平台时，最容易犯的误区就是"我觉得"，这种时候，我们往往引出焱公子的案例，并请 IP 们针对自身情况做出数据分析。数据结论明显更有发言权，也更有利于 IP 的方向发展。

在思考过后，焱公子当时就选定了比较好驾驭的职场，这个领域也是他能持续输出、保持创作热情的一个领域。

2. 发展期

平台对了，内容对了，领域又相对聚焦与垂直，焱公子的公众号粉丝上涨得很快，广告商务也接了不少。并且，在坚持做了半年后，很多出版社开始主动接洽我们，谈出书合作。

出书，不仅仅是写作者的梦想，也是知识型 IP、创始人 IP 打造势能、提升影响力的利器。先前焱公子在某些平台写故事、写小说，想出书，就自己去接触出版社，但根本没有人搭理，甚至有人直接用两句话就回绝："现在小说不好卖，你又没啥名气，没有流量。"相比第一句话，第二句话更为现实，也更扎心。

作为 IP，如果你的势能低，流量弱，对方没有给机会看你写得好不好，客客气气给闭门羹是常态。这也是现实。所以，我们常常会跟自己的 IP 私教学员，尤其是想出书的学员说，想让出版社主动邀约，就要好好做公域。只有势能、流量与影响力都提升了，才有更多的话语权与选择权。

焱公子的公众号做了一年，有了 17 万粉丝，通过不断对外分享内容、提升了影响力之后，焱公子顺利签下了人生第一本书。2020年6月，他的新书《能力突围》面世，首印1万册。水青衣作为书籍的营销顾问，精心设计了"直播＋社群"的销售模式，不仅一晚上涨粉过千，还助力书籍上架即卖断货。

在首次出书的新人作者中，这次的成绩应该还算不错。

我们当时复盘发现：书能顺利出版，倒不是因为书写得有多好，而是编辑看到了焱公子在公众号上的强内容输出、较大的粉丝群体，以及本身具有的IP带货潜力。所以，平台做对、内容写好，会给IP带来持续上升的影响力与众多的机会。

3. 上升期

凭借公众号累积的影响力和势能，我们开设了多条知识服务产品线，有训练营、网课、专栏、线下私房课，还给多家企业做内容营销与新媒体授课。此后，焱公子受邀成为百位知识IP和创始人IP的IP顾问。水青衣更是指导和带教了几百位超级IP的个人品牌故事，从图文到视频，都收获了满满的好评。焱公子的专栏在今日头条上架时，就有不少百万粉丝大V主动为其站台。

一路走来，我们获得了不菲的成绩。从IP打造的角度来说，这是厚积薄发的结果。

☆布局头条号

头条号也有4项高分。这里我们想要特别说明的是，在很多人的固有观念里，总认为今日头条的变现力不如公众号。其实，随着内容生态的逐步放开与完善，在头条上月入百万的大 V 越来越多，他们的变现力一点也不比公众号大 V 差。

在后续潜力这个指标上，我们给头条号打了满分，原因是，它的内容推荐机制和丰富生态已彻底激活了普通新人作者的创作激情，越来越多的优质作者进入了头条号创作。

正是有了这次调研与实践，焱公子真正开始从一个单纯的写手转变为一个新媒体内容人。这二者有什么不同？

核心区别有两点：

首先，写手是规则的追随者，新媒体内容人是规则的参与者。 写手只关心文章的规则是什么；内容人更关注平台的规则为什么会是这样，尤其是像头条这样的以算法机制做推荐的平台。然后，内容人会开始研究规则，包括它的优势、劣势，甚至漏洞。我们在跟头条号的运营编辑接触的时候，常常会给出一些自己研究的思索与建议。例如，文章发布后的效果复盘，某一条规则下大量文章的内容走向等。

其次，写手习惯聚焦于文章要求，内容人除了顾及文章，更需要聚焦平台。 做写手的时候，焱公子只关注今天要出稿的文章需要写到什么程度，每次跟编辑的交流也从来只局限于这篇文章是否符合要求，是否还需要修改。做了内容人之后，他会更深入钻研平台的要求，尤其要研究头条号社区公约等文件。

规则的追随者只是低头拉车，但参与者却是抬头看路，且行且思，这是焱公子从职业写手到新媒体内容人的最大转变。因为他对规则的研究拆解透彻、言之有据，很快就受聘成为今日头条职场领域"青云计划"评审团导师。

◎视频平台

如今图文日渐式微，视频时代全面来临，运用"2+N"策略，又应该如何选平台？

答案当然因人而异，但我们在跟 IP 客户推荐时，常常会说："主流的选择不外乎三种。"在这三种选择中，无论怎样组合，都一定会有视频号。原因我们在此前就说过了：视频号是目前最大的私域前哨站和最新风口。

☆**第一种**：抖音＋视频号。抖音在当下依然是视频江湖中最大的公域流量池，拥有最高的用户日活。

☆**第二种**：西瓜视频＋视频号。前文有述，在字节跳动 2021 年的战略中，提出将对西瓜投资 20 亿，用以扶植"中视频"内容。对于创作者而言，这是非常有利的机会，而且西瓜平台的流量收益非常高。同时，在西瓜视频发布的中长内容可以跟视频号的短内容形成良好的补充。

西瓜与抖音都同属字节跳动公司旗下，视频内容是可以直接进行同步的，省去了重新编辑、上传、用心运营的麻烦。

☆**第三种**：B 站＋视频号。著名新营销专家申晨老师说，所有的生意都可以用年轻人的方式再做一遍，而 B 站聚集了当下最多、最有活力的年轻人，正呈现一派生机勃勃的景象。选择布局 B 站，就是与年轻人玩在了一起。

当然，类似小红书、知乎、微博等平台也越来越重视视频板块，都分别给予了不同程度的扶持。每一个 IP 可以根据平台调性与自身内容储备选择合适的主阵地，再辅以 N 个平台做分发，尽量做到各处都有内容输出和品牌曝光，这对 IP 的声誉宣传与影响力提升非常有帮助。

本节总结

真正的好内容，首先要适配平台调性、符合平台逻辑，同时又深谙用户心理，这样才能真正实现传播扩散与商业诉求。所以，内容为王，平台同样为王。

所谓内容推荐机制，即平台基于用户对你内容的反馈（打开、读完/播完、点赞、转发、评论等），来决定是否将你的内容推送给更多人，或者收缩甚至停止推荐。

不同的平台有着不同的调性与推荐逻辑，但最底层的依旧是用户思维。

对于要打造IP的新人，我们建议在运营自媒体时采用"2+N"的策略，即选择两个主平台重点运营，辅以其他一些平台做分发。

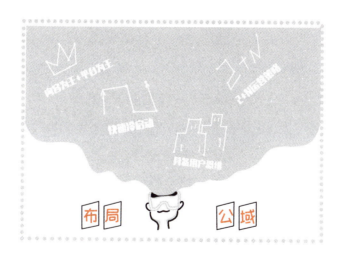

3.2

建私域：在微信生态，有 IP 的人更容易私域掘金

"私域流量"是相对于"公域流量"而言的。

在上一节谈到公域时，我们曾说过，无论是线上平台如百度、腾讯、淘宝、头条、抖音、快手、小红书等，还是线下的商场、核心商圈、超市，从商家、受众的角度来看，这些都是公域，提供的都是"公域流量"。但是，从平台角度来看，流量之于平台自身，则是"私域流量"。

从以上的内容，我们能够清晰看到私域流量的定义：在自己的场域内，能够随时触达与管理、直接做沟通与转化粉丝和用户的，便是私域流量。

对于个人 IP 来说，今天我们提到"私域"这个词，更多是指微信生态。因为在微信生态里，你才可以随时触达与管理，沟通与转化粉丝和用户。

焱公子和水青衣是做公域平台起家的，后来接触到很多玩社群与朋友圈的朋友，才发现那是另一片广阔的天空。在这些朋友中，有人通过经营微信社群、引客营销，年入千万；有人用三五个微信号，每月发朋友圈招代理、销售产品，也能做到万人团队、业绩出众。

136

在用户信任度上，大多数公域玩家与私域玩家相比会有一定差距。这是因为，IP 在公域平台上依靠持续输出内容来树立人设，与受众的距离比较远；在私域则依靠创建连接来树立人设，无论是社群、朋友圈，甚至微信私聊，都能方便快捷地触达每一位受众，而且还不受次数限制，与受众的距离要近得多。

同时，人是感性动物，会更倾向于信任自己更熟悉的、经常在社交圈子里聊天、分享的人。

所以，从某种程度上来说，信任度决定着营销的成功率。

强大的微信生态

一位私域大佬曾和我们开玩笑说，现在除腾讯系以外的所有自媒体平台都对一句话恨得牙痒痒，但又很无奈——无论用户在自家平台上有多么活跃，一旦私信相互对接、想要谈合作时，就一定会出现这句话：**"那加个微信聊，方便一些。"**

为什么私域会专门青睐微信生态?

首先，其他平台在私域上其实是做过努力的。字节跳动公司在 2018 年就意识到自己的短板是社交，因此 2019 年年初推出了一款对标微信的软件叫"飞聊"，希望能将用户沉淀到这个社交工具里，但并没有做起来。罗永浩也曾研发过类似的社交软件，叫"子弹"，也没有做起来。

其次，腾讯公司旗下的微信在当下有着 10 亿用户量级。可以说，它目前的对手只有自己。显然"微信之父"张小龙也认识到了这一点，他在 2020 年连续放了两个大招：一是在年初上线了视频号；二是在 7 月上线了微信小商店。

顺势而生的视频号

很多人认为，视频号的推出是为了对抗抖音、快手、B 站的狙击，这种说法未免太过片面，远远低估了张小龙的格局。随着抖音、快手的兴起，短视频在内容江湖如火如荼，导致图文自媒体后继乏力、日渐式微。微信公众号虽然做过多次调整，但也很难挽回颓势。

基于此，视频号横空出世，的确是背负着"扭转战局"的任务。但对于腾讯来说，视频号的定位从一开始就跟抖音、快手、B 站不同，后者均为短视频平台，有自己独立的 App，而视频号更像是微信生态中一个重要插件，它是微信系的一部分，目的是打通和盘活整个商业链条。

我们一起来看看，这条商业链是怎样的？

如果把微信生态比作一艘航母，就比较好理解了。微信公众号无疑是最核心的航空母舰，视频号是在跑道上驻停的战斗机，随时准备为母舰冲锋陷阵、开疆拓土。而微信个人号、朋友圈、社群和腾讯直播组合在一起，就像母舰的一条高速跑道，目的是辅助视频号这架战斗机加速完成冷启动。

2020 年 7 月上线的微信小商店进一步拉低了电商开店门槛，再配合公众号的付费阅读功能，共同组成了航母的动力系统，让用户能够实现完整的流量导入，进而完成商业变现。

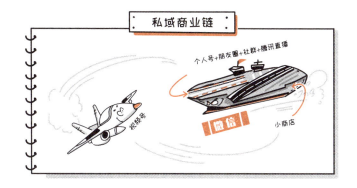

　　至此，视频号、直播、公众号、个人号、朋友圈、社群、小商店就像终于集齐的 7 颗龙珠，构建了完整的微信生态布局，让你根本就不需要任何三方跳转，就可以完成从引流到变现的闭环。

精准布局微信生态

　　那么，对于想要打造个人 IP 的普通人来说，在打造初期应该如何布局微信生态？是不是七个模块都要涉猎，才能更好地进行私域掘金？

　　并不是。IP 的时间精力毕竟有限，尤其是很多既没有团队，也没有资源的个人 IP，如果想切入私域、完成商业闭环，我们建议，你至少要做到三方联动。

◎三方联动

哪三方？**短视频、直播和微信号**。

视频号是微信生态链上新生长出来的一个重要组成部分，也是这根链条上真正连接公域流量的入口。虽然公众号有"在看"和"信息流"推送，但图文时代的式微，每况愈下的打开率，让实现公域大批量圈粉变得更加艰难。视频号的出现，正好弥补了图文的不足。它模糊了公域与私域的界限，彻底盘活了整个微信生态。

为什么这样说？

在有视频号之前，公域流量和私域流量的定义是非常清晰的。私域可以多次免费触达，而公域不行。公域，是内容连接人，而私域，是人连接人。

视频号出现后，要说它是公域，但它与微信号是互通的，可以轻松引导粉丝加 IP 微信。而且，它还基于官方的社交分发推送的逻辑来挑选粉丝。要说它是私域，它又确确实实拥有巨大的公域流量池。只要你的短视频上了热门，得到官方推荐，流量就非常可观。

视频号真正让想通过微信做生意的人，拥有全新而巨大的流量入口。

◎三个生态位

我们认为，短视频、直播和微信构成了不同的 3 个生态位：**短视频是广告位，直播是人设位，微信是成交位。**

为什么要做视频号？因为短视频和直播是风口，有红利，我们想要抓住它拓展渠道，提升销售额，完成变现。变现，是一个结果。

要实现这个最终结果，就需要拆分过程。例如，当一个潜在受众出现在你面前时，你想要成交，首要做的就是让他先了解你、喜欢你、信任你。

因此在视频号上发布短视频，目的就是为了让他了解你；在直播间里出镜，是为了让他喜欢你；通过短视频或直播，导入到微信号上，继续与他进行连接与沟通，是为了让他信任你。

做完以上三个步骤，你才有可能将一个陌生人转化成一个付费用户。

这就是三个生态位的联合打法。

☆短视频的广告位

在跟 IP 们的交流中，我们发现，虽然大家都认可视频号的重要性，但依然有很多人一直还没有开始，或者还在时断时续地输出。问其原因，有的说技术不到位，有的说不知道拍什么，灵感枯竭。所以，展现出来的状态，要么是彻底不更新，要么是很随意，想到什么拍什么。

要注意，短视频不是视频版的朋友圈，它连接着公域流量。IP做短视频的最大目标，是指望它能破圈、吸粉，能被更多的陌生人看到，最好受众还能因为视频里的精彩内容而停留、关注，从而产生后续的故事。

我们发现，但凡做得比较成功的号，都会选择出至少一条视频告诉受众：为什么你一定要关注我，我能给你提供什么价值。

而这样的视频，正是广告。

很多微商大佬的视频号喜欢拍一些美美的 vlog，讲述符合主流价值观的话题，如独立女性、自己挣钱、女性创业力之类。你以为这只是鸡汤视频，不，这同样是广告。

她们真正想展现的，是自己做了现在这项事业，或用了某个产品后，无论从外观还是精神层面，都活成了用户期望成为的样子。在看完一系列这样的视频之后，隐藏在视频后的那句广告词便呼之欲出：你要不要成为像我这样的人？来，关注我，做我的代理，让我带你一起美，一起飞。

☆直播的人设位

为什么说直播是人设位？因为它离用户更近、更真实。

人设这个东西，之前我们说过，它一定是基于你自己某个特质的放大，而不能凭空捏造，不然一定会崩塌。你明明不是个热情的人，就不要假装热情；你不是个外向的人，也不必假装外向。但在短视频里，如果有必要，你是能够"伪装"的。毕竟可以照着视频脚本录很多遍，只要演技不是太蹩脚，就能"骗"到人。

但在直播间，你的一举一动都是实时的，你若依旧想装，如果没有受过专业训练，会有一点难度。而且，一场直播动辄几个小时，若是要一直装也累得很，还不如做自己来得轻松。

所以说，你是什么样的人，就会吸引什么样的人。用户其实更喜欢 IP 真实展露自己的样子。

焱公子在直播的时候，不太擅长带动节奏和情绪，他喜欢安安静静地分享，偶尔应粉丝的要求，唱唱歌。虽然他的直播间一点也不喧闹，甚至还有点"冷清"，但恰恰因为他每次都以诚相待，更容易拉近和用户的距离。所以每次直播后，流量虽然不大，但转化成绩很不错。

记住，直播间就是立人设的。放大你自己，而不必成为谁。只有好好做自己，认真输出价值，才能吸引到那些真正喜欢你的人。

☆微信的成交位

我们之前主要做图文自媒体，一直在公域耕耘，私域的积累比较薄弱。在这样的情况下，我们依然在两个月内完成了数百万的转化成交，是怎么做到的？

在线下课有学员提问时，我们就很坦诚地跟大家说，并没有什么高级的营销话术，那都是"术"层面的事情。我们都是内容人出身，成交的秘诀只有一句话：

忘掉成交，真诚且持续地给用户提供超出预期的价值，就是最好的营销。

比如，焱公子有一次在直播间里抽奖，奖品是送一本《能力突围》。一位粉丝中奖加了微信后，说自己已经有一本《能力突围》，问能不能要另外一本书。焱公子手上其实没有那本书，但他说可以，马上就在当当上买了一本，寄给了粉丝。这位粉丝收到书后，一看是当当寄来的，非常意外，也很感动。之后，她常常来逛焱公子的直播间，也一直在关注我们的课程，之后就成了内容变现营的学员。

当然，除了送礼物，我们更多是在我们的真爱群、朋友圈持续输出一些干货内容，它们跟前端的短视频、直播间形成了联动，客观上也进一步提升了用户对我们的好感和信任度。

所以，微信成交没什么技巧，一定要说有，那就是：真诚一点，别太功利。如此，反而会让你更快地获得你想要的东西。

本节总结

在公域平台，IP 依靠持续输出内容立人设，与受众的距离比较远；在私域，IP 靠创建连接立人设，能更方便地触达受众，且不受次数限制，与受众距离近。所以，每一个想打造 IP 的人都应该重视私域。

要实现私域掘金，至少要做到短视频、直播和微信三方联动。短视频是广告位，直播是人设位，微信是成交位。在私域运营中，重点永远是人。当你学会忘掉成交，真诚且持续地给用户提供超出预期的价值，就是最好的营销。

3.3
精筛选：唤醒沉睡用户，找到"1000 个铁杆粉丝"

美国知名学者凯文·凯利曾在他的《技术元素》一书中提出"1000 个铁杆粉丝"理论，他认为对艺术家、音乐家、摄影师、工匠、演员动画师、设计师、视频制作者、作家等创作者而言，任何做原创、传递正能量的人，只需拥有"1000 名铁杆粉丝"便能养活自己。

很多学员在上课时说，自己的微信通讯录中有几千人，感觉数量也不少了，但是活跃的也就几十个，其他人好像都像"僵尸"一样。

这并不令人意外，如果 IP 没有对流量做好精细化的运营，这是必然的结果。

那么，如何唤醒你微信上这些"沉睡"的用户，将他们转化成你的"1000 个铁杆粉丝"，持续获取终生价值？我们认为，有两个关键点：**首先，你要会筛选**；**其次，你要懂运营**。

列好备注，做好筛选

每个 IP 的时间和精力都很有限，从商业角度出发，就需要把注意力更多投放在"超级用户"身上。那么，如何筛选出超级用户，或者潜在的超级用户？微信有很好用的一招——列备注。备注怎么列，才是有效的？这里，我们分享比较实用又常见的三种方法：

◎第一种：备注付费情况

如果用户曾经购买过你的任意一件产品，就可以在备注栏贴上"付费"标签。再细致一点，可以标注买的是什么产品，客单价是多少，什么时候买的……通过这种方式证明这是曾经付费的客户，他认可你或你的产品，确认这是"自己人"。

很多私域IP大佬的微信上都会给用户打上"一次成交""复购两次""待升单"等标签，备注得越细，销售人员越方便针对性跟进。

◎第二种：备注添加来源

这是很多人常用的方式，备注从不同渠道添加微信的人。像焱公子的通讯录名单里，就会有头条、公众号、视频号、直播、××社群等来源的用户。

备注好来源，能让自己做出判断：用户究竟是因为我们在前端做了哪些举措（例如是在什么平台、输出了什么样内容）而来的。那么，在与对方私聊时，就能更快找到对方可能感兴趣的话题。

◎第三种：备注关系亲疏

这里的关系，不是指亲人、朋友，更多指的是对方对IP的认同度。

我们有一个学员叫跳跳鱼静姐，她的微信上只有 1000 人，但是她每次有活动需要人支持，都能得到不错的反响。这跟她的备注做得特别细致有关。她将平常积极响应、一般响应、没有反应的用户分为 ABC 三个标签，平时多和前两类用户聊天和互动。如果对方找她帮忙，比如想要点个赞之类，她都会积极配合。而当她需要支持的时候，自然也能相应收到回报。同时，她的客户也是从 AB 两个标签里挖掘出来的。

　　当然，列备注打好标签的方式非常多，你可以打些个性化标签，也可以参考某些 IP 大佬的做法，这都不重要。核心不在于标签本身，而是通过列备注，我们可以更快地筛选、检索出那些值得投入心力与精力去维护的人。

精细运营，做好筛选

　　运营对微信通讯录上的人时，有个重要举措，叫盘活。很多人为了"唤醒"用户，习惯用群发助手，或者某些第三方工具，天天给用户发私信。我们不推荐这样的方式，因为过度打扰用户容易招致对方反感，甚至引来投诉。

一般情况下，我们建议通过**深度运营社群和朋友圈来持续盘活用户**。

◎运营社群

在整个微信生态里，社群的重要性不言而喻。它最大的特点，是提供了一个"场域"，在这个场域里，群友可以相互促进，彼此激发。这是私聊无法取代的优势。

但是现在，每个人的微信都有很多社群：工作群、亲友群、兴趣群、各种学习群、打卡群……这也就造成了一个"恶果"：除了被迫关注的工作群、强关系连接的亲友群，绝大部分社群，不管付费还是免费，都会在初始的热闹之后，要么变成各种链接的"回收站"，要么逐渐归于沉寂。

IP 如何让社群持续保持黏度与活跃度，不让用户价值丢失？我们以典型的两种"**学习型社群**"与"**人脉型社群**"来做分析。

☆学习型社群

学习型社群通常是"导师中心制"或"群主中心制"，即大家入群的目的是围绕某个 IP，想持续从他身上学到东西。这类社群维持活动度的基础，就是 IP 的知识储备。如果你能持续输出价值，持续扩展群友的认知，那么这个社群的基础活跃度一般都是可以保证的。

我们连续开过很多期内容变现营，社群的氛围一直都很好。作为导师，焱公子主要负责上课和群内答疑。他每次在回复学员问题时，群内的气氛都非常踊跃。

我们的运营官则会配合导师，在群内做这几件事情：

01. 每天在群里报早晚安；整理群聊精华并发给学员；

02. 实时播报学员取得的成绩（比如拿到了"青云计划"的1000元奖励、通过输出内容获得了更多机会）；

03. 制作专属海报，及时鼓励成绩优秀的学员；

04. 随时跟进群内出现的问题；

05. 认真组织开营与结营仪式；

······

这些与价值相关联的动作，有效提升并维系了学习型社群的活跃度。但这类社群通常会遇到的共性问题是：课程结束后，社群便迅速冷清了。

对于这个问题，有两种比较好的解决方案：一是将学员引导到 IP 后续更高价位的课程社群；二是建立一个"毕业总群"，把每一期学员都导入群里，定期有新鲜血液加入。同时，IP 也可定期在总群中做分享，让学员有获得感。

不过，第二种方案的运营压力比较大，很考验 IP 的持续输出力。

☆人脉型社群

对于这类社群，群友多半都奔着"资源"而来，群主如果能做好**"资源对接"**和**"解决问题"**这两件事，那么社群的基础活跃度就能得到最大力度的保障。与学习型社群相比，人脉型社群更需要精细化运营。

焱公子参加过很多高端人脉社群，其中有一个社群的经验很值得学习，我们来分享以下 5 点：1. 滚动式招募；2. 资源对接会；3. 分享会；4. 案主分析会；5. 线下聚会。

1. 滚动式招募。大部分学习型社群都是定期招募，因为要在固定时间开营，但人脉型社群能进行滚动式招募，不受时间段的限制。

这一做法的优点在于：招生灵活，可持续对外招募，而且因为随招随入，不断会有新人入群，鲇鱼效应明显。

假设该社群服务期承诺是 1 年，那么可以从群友的入群日开始计算，往后推 365 天。群主可以对每个新人发出邀请，请其在入群后发出自我介绍的同时，发一个红包（数目由群主定好）。建议发稍大数额的红包，例如 500~1000 元，因为有持续的大额红包可以抢，群里的活跃度当然就低不了。

我们之前加入过一个社群，有个群友进来，哗啦啦几分钟就连发 10 个红包，一共 5000 元。如果群内人人都发 5000 元，那无可厚非，可是同时进来的其他人只发 1000 元，氛围就很尴尬了。

突然之间有了不同数额的红包，差距还不小，难免会给其他群友造成压力。所以群主在做这一邀请时，要做好数目约定。

2. **资源对接会**。每周可固定一天，群主通过定制不同主题，比如供应链、快消品、文案服务、餐饮等内容，给群友组织资源对接。需求匹配的双方，直接加微信私聊。焱公子参加的这个高端人脉社群在短短半年内，通过群友资源对接的方式，达成了超过 7000 万的合作。

3. **分享会**。群主每周会采访一个成功的企业家，总结提炼他的商业模式，然后在群里分享。对于处于起步阶段的创业者，这些经验很有参考价值。

4. **案主分析会**。对群友进行持续调研，了解其需求与痛点。定期让群友自行报名，申请成为"案主"。每月可挑选一到两个时间点，由案主在群里提出当前业务面临的困境，其他群友和群主对其进行针对性诊断，提出解决方案和建议。

5. **线下聚会**。群主在固定城市（通常是一线城市）举行线下聚会，以帮助群友增进了解，促成更多合作。聚会可以一个月一次，也可以一季度一次。

焱公子加入这个群已经将近 8 个月了，该社群活跃度依然维系得很好。这充分说明了运营制度完善，步骤清晰有效，的确十分值得借鉴。

社群相比其他微信生态产品，最不可替代的作用是提供场域。很多人会因为喜欢这个场域而选择持续留下。为了让社群持续保持活跃度，我们需要做精细化的运营。

针对学习型社群，核心考量的是群主的知识储备与持续的内容输出力，唯有持续给群友提供价值，才能维持保持活跃度。

针对人脉型社群，核心考量的是对接资源与解决问题，这类社群的门槛较高，要求群主有较高的影响力，但实际运营压力相比学习型社群是相对较轻的。

◎运营朋友圈

我们有个学员说，自己大概是受了第一批微商的影响，觉得总发朋友圈刷屏的人很低端、很土，所以一直不怎么发朋友圈。还有学员说，平时即便发朋友圈，也都比较随性，什么内容都有。

在学习我们的课程后，IP们了解到了发朋友圈的重要性。他们在坚持一段时间后这样反馈："陆续会有微信好友来私聊（有些人几乎之前没怎么聊过），表示一直在默默关注我的朋友圈，从而知道我近年来的变化，想要跟着我学习。"

日活超过11亿的微信早已融入了我们的日常生活。也许，你可以一天不看电视、不刷微博，甚至不打电话，却很难做到一整天都不打开微信。跟一天只能推送一次公众号（订阅号）相比，发朋友圈没有数量限制，也不用动辄写一篇千字甚至数千字的长文，创作门槛低了太多。

试着想想，当我们新加了一个陌生人的微信时，第一个动作是不是下意识地去翻翻他的朋友圈，以进一步了解他到底是怎样的一个人？所以，从用户习惯来看，多数人习惯性刷朋友圈的概率是大过打开公众号的。对于个人 IP 来说，经营朋友圈的重要性丝毫不亚于在公域平台输出内容。

那么，朋友圈应该发布什么内容？什么样的朋友圈是让人喜欢，甚至愿意一直刷的？

当你把用户从公域引导到私域时，你在朋友圈所展示的内容，在某种程度上将决定用户对你是更加信任，还是想要远离。有的人一发就是广告，出示各种链接、二维码，完全没有认识到发朋友圈的本质。

既然朋友圈是私域第一自媒体，它就应该和公域一样，首先要树立 IP 形象。

好看的朋友圈的核心逻辑和公域逻辑并无区别，只是相对来说，朋友圈更个人化一些。

所以，IP 只要始终围绕塑造自身人设去设计就可以了。具体来说，你可以着重发 7 个方面的内容：1. **行业相关**；2. **生活日常**；3. **客户互动**；4. **好文转载**；5. **营销事件**；6. **温暖鸡汤**；7. **自律状态**。

☆ 1. **行业相关**。这跟我们前面讲过的干货类内容极其类似。你可以发行业的相关信息，或者你对行业的看法、对某个问题的具体解决方案等。

发这些内容的目的就是配合你的前端公域输出，更立体、更全面地树立你的专业人设。

☆ 2. **生活日常**。微信是个社交媒体，在朋友圈中多发些生活日常，甚至发点八卦，会显得更接地气，也让 IP 更加真实、可接近。

☆3.**客户互动**。微商很喜欢发这类内容。我们曾观察过十多位微商朋友，如果他们一天发20条朋友圈，那至少有15条是跟客户的聊天截图。

发这样的朋友圈，有几点明显的好处。一是几乎不需要额外创作，只需截图外加一两句话就行。二是客户证明能给自己做背书。发这类朋友圈需要注意微信礼仪，在发和别人的对话前，应当事先取得对方的授权，相应的头像、昵称信息也要打上马赛克，这是IP们应当具备的处世之道，也是对微信好友的尊重。

☆4.**好文转载**。看到好的文章或视频，可以多在朋友圈分享。一来是对原作者的褒奖，二来，你分享的内容就代表着你的品位和价值观。这一点对于IP而言，更为重要。

如果IP经常分享有品位、有格调的内容，用户就会认为你是那样的人。

☆5.**营销事件**。就是在朋友圈里发广告，但从转化率考虑，我们不建议直接上"硬广"。

什么是硬广？就是直接卖产品，一条接一条、刷屏式地写产品的特点、好处、价格等。其实，打广告更好的方式，是告诉大家：你正在做什么事，这件事做下来后你有什么样的收获，参与者又有什么样的收获。

就像我们开设的线下课"IP引爆增长"，就会经常围绕着课程内容，去书写学员的故事。很多人说，这些故事走心又动人，像追电视剧一样总是看不够。也有人因此被吸引，从而付费，成了我们的新学员。

所以，请记住：**生动地展现事件过程，才是更好的营销。**

☆ 6.**温暖鸡汤**。可别看不起这类内容，有些心灵鸡汤特别适合在晚上说，也特别能治愈人。所以，如果你看到一些比较暖心的句子，可以把它分享到你的朋友圈，会引来不少人的喜欢与点赞。

☆ 7.**自律状态**。如果你最近决定减肥，如果你打算每周读一本书，如果你希望每天 6 点起床……务必要在朋友圈持续记录这一过程。你会发现，这种自律类的内容特别讨喜，也能进一步树立你的人设。

IP 务必要重视朋友圈，因为它被称为私域第一自媒体，其重要性跟公域平台不相上下，在某种程度上或许还更加重要。很多没有做过公域的人，仅仅依靠朋友圈也能做到财富与影响力升级。

好的朋友圈内容，营销味不要太重，核心还是塑造你自己。

具体来说，可以从行业相关、生活日常、客户互动、好文转载、营销事件、温暖鸡汤、自律状态这 7 大方向，设计你的朋友圈。

至于每天需要发几条朋友圈，没有一个明确的说法。如果你的时间充足，可以尽量多发。

本节总结

　　唤醒你微信里的"沉睡"用户，持续获取他们的终生价值，核心是两个关键点：筛选与运营。筛选微信用户，可用列备注打标签的方法，有三种形式：备注付费情况、备注添加来源、备注关系亲疏。

　　所谓运营，即盘活。IP 可通过深度运营社群和朋友圈，来持续盘活你的用户。运营可分为运营社群与运营朋友圈。

　　运营社群主要分为运营学习型社群与人脉型社群。

　　从 IP 塑造的角度看，朋友圈运营可以围绕以下 7 个方面内容进行设计：行业相关、生活日常、客户互动、好文转载、营销事件、温暖鸡汤、自律状态。

第四章

连接："算准"人心才能制胜市场

人性复杂而多面，纠结、摇摆，就是真实的质感。把它们尽可能地客观呈现出来，更容易让读者感同身受。就像英国诗人罗伯特·勃朗宁的诗句："我爱看的是：事物危险的边缘。诚实的小偷，软心肠的刺客，疑惧天道的无神论者。"

◆ 外传播：个人品牌故事，是引爆 IP 的"核武器"

◆ 内经营：精准匹配 3 种用户关系，获得高转化

◆ 善借势："抱大腿"刷存在感，让个人 IP 价值最大化

本书开篇曾说，**所谓打造个人 IP，即经由精准内容，连接明确受众的过程**。

对个人 IP 来说，**连接，就是我们与用户产生关联的过程**。

在公域，我们主要通过输出内容连接用户。在私域，我们则更多通过 IP 自身来连接用户。前者 IP 与用户的距离较远，而后者则截然不同，用户能近距离感知，建立信任的速度与深度非公域可比。因此，无论 IP 做什么领域，把用户从公域沉淀到私域，都是大势所趋。

这里有一个尤为关键的注意事项：**最好是 IP 本人亲自与用户建立深度连接**。

很多用户在加焱公子微信时，第一句话都是："请问你是公子本人还是客服？"焱公子都会坦诚告知："我是如假包换的公子本人，不信你随便考我。"

之所以会出现以上的情况，其实道理很简单：用户因 IP 而来，如果对接的是一个客服，那这个号营销的痕迹就有点重——哪怕原本只是想通过这个微信号做营销，但也不用表现得如此直接。

关于用户经营，我们始终笃信一句话：**先交朋友，后谈生意**。

当然，这必定会带来另一个问题：IP 的精力毕竟有限，怎么能顾得过来？

我们采访过不少私域规模庞大的公司，他们的典型做法是：把后端承接客户流量的微信，直接分为 IP 号、成交号和客服号。

IP 号的主要职能，就是发送跟行业相关的朋友圈动态，偶尔与重点用户一对一私聊，不负责成交，只负责进一步塑造 IP 形象，拉近与用户的距离。

如果用户对产品或服务有意向，就移交给成交号，由专门的销售人员去对接跟进。

而客服号，主要提供售后咨询和服务。

这样一区分，IP 号的调性和精力都得以兼顾，连接性更强，用户的体验也会好很多。

4.1

外传播：个人品牌故事，是引爆IP的"核武器"

我们已经进入了一个全新的营销时代。2020年的疫情，令众多品牌与商家都意识到了由线下转型到线上的重要性与急迫性。在面对来做IP打造的客户时，我们常常会被问到同一个问题："我要如何做，才能快速破圈？"

在高速发展的信息时代，人们已经不缺资讯和知识，缺的是如何活学活用并把它有效传播的能力。如果IP具备这样的能力——擅长表达自己的高维思想，无疑是极其圈粉的。

在众多的表达方式中，讲故事是最易上手的捷径。说一万个大道理，都不如讲一个好故事、讲好一个故事。故事不仅能覆盖最广圈层，也最容易被记住和传播。同时，故事能让人在这个功利浮华的时代获得抚慰，保持心灵的柔软与温度。

个人故事与个人品牌故事

"个人故事"与"个人品牌故事"是一样的吗？

什么是"个人品牌故事"？它只是一个以你自己为主角的真实故事吗？

不，你自己的故事每天都在发生，它是只属于你一个人的故事。如果它足够有趣或典型，或许能展现你独特的个性，仅此而已。

而个人品牌故事在这样一个彰显个性的时代，它的意义更加广泛。人人都需要打造个人品牌，人人都可以打造个人品牌。IP讲述具有商业价值的个人品牌故事，能够快速建立个人标识，促进产品销售，提升价值增长。真正的个人品牌好故事，具有很高的价值。

对于企业的创始人IP来说，可以讲三类故事：自己的IP故事、品牌故事、产品故事，三者的侧重各有不同。而对于大部分普通人来说，主要就是讲自己的个人品牌故事。

让我们来拆解一下这六个字：个人，品牌，故事。想一想，你在什么时候会觉得自己需要写一个个人品牌故事？

当然是你做成了一些事、取得了一些成绩，或者给自己做好了定位，明确要朝着个人品牌进军的时候。到了这个时候，你就会觉得，是时候需要一个好故事，让受众能看见你、认识你、关注你了。同时，这个好故事还能传播你的品牌，增加你的IP影响力。

基于此，个人故事与个人品牌故事最核心的不同点就在于：前者注重故事性，后者除了故事性之外还有商业性。这也是个人品牌故事的知识点收录在本书第四章《连接》，而不是出现在第二章《内容》的原因。

换个角度，我们甚至可以说，真正的个人品牌故事，核心关注点就一个字——卖。要么卖你的人设，要么卖你的产品。二者具有一致的目的，都是让用户读完故事后，牢牢地记住你的 IP 形象和品牌形象。

个人品牌故事的创作要点

◎下料的广度

很多 IP 长期使用同一个故事，这是万万不可取的。随着 IP 的成长，故事不可能一成不变。世界日新月异，作为 IP 更应该重视个人精进与迭代。所以，我们往往不止写一篇，而是多篇，甚至一个系列的个人品牌故事。

那么，在开始第一个故事的采写时，就要注意下料。

这句话如何理解？打个比喻。IP 就是矗立的摩天大楼，高耸入云、受人关注，而好的个人品牌故事就是楼宇漂亮的外墙，随着建筑高度的增加而愈加耀眼。一开始应下多少料，预留多少出口，今后怎样扩展、填补，在动工之初，心里就要有数。

这个工程需要挖地基，要建万丈高楼，当然不可能只挖一方浅浅的土坑。地基不牢，大厦易倾。

◎关联的深度

如果决定要写个人品牌故事系列，就要学习优秀的系列电影。虽然是系列，但单部成影，每一部讲述的都是一个完整的故事，用户即便没有看过前传或续集，也不影响对正在看的电影的观感。

对于个人品牌故事系列，每个故事只要完成一个钩子即可。当用户被钩子吸引，进而产生强烈地想连接文中 IP 的想法时，这个故事就成功了。

系列故事最忌讳的，就是每一个故事呈现的点太散、太多。要知道，如果一篇故事堆满重点，什么都想传递给用户，用户反而不知道要连接哪个点。所以，既然是系列，就应该做好大纲，精心分成几个故事，逐步展示。当所有故事连起来时，IP 特质能得到全面、立体的展现。

◎形式的多元

个人品牌故事一定要用文字的形式呈现吗？

当然不一定。2020 年 5 月，视频号上线没多久，我们就开始考虑把个人品牌故事用短视频的方式来呈现。

第一个视频版的个人品牌故事 IP 主角是一个螺蛳粉企业的创始人。这个姑娘学历不高，中专毕业后四处漂泊，小小年纪干过很多不同类型的工作。她的母亲在她很小的时候就摆摊卖螺蛳粉，而她在外地工作也不太如意，就回家"女承母业"，做起了袋装螺蛳粉的生意。

针对她的个人经历，我们包装了一个"他乡有故知"的故事：姑娘带着螺蛳粉生意四处漂泊，但一直把家乡的味道带在身边，还把家乡的螺蛳粉推广到了其他地方。

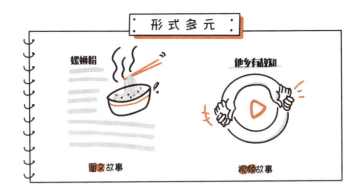

在文字故事写完后，团队的小伙伴都觉得很好，后来用短视频呈现出来，效果也很不错。画面是她带着妹妹在异乡煮粉，自力更生。这条视频发出后，引发了大量在外漂泊的年轻人的共鸣。

个人品牌故事除了传统的图文类型，在传播形式上，用视频来展现也很圈粉。

个人品牌故事 6 大模型

◎模型①：一个找出动机的故事

从来没有无缘无故的爱，也没有无缘无故的恨，我们所有的善良、勇敢、懦弱、孤僻等性格特质的形成，一定都是有原因的。我们对于某件事情如此热爱，也一定是有原因的。找出你的动机，也许就能产生一个好故事。

焱公子就曾写过自己热爱写作的动机："那是高中时期沉浸在金庸小说里的快感，是被语文老师肯定我的作文能力、还把我的小说推荐给杂志社的喜悦。"

再比如，焱公子曾在很多场合都讲过自己离开华为的原因：

"不是没纠结过，毕竟一边是 500 强的光环和高薪，一边只有未知和迷雾，可我最终选择了后者。我不想过一眼就能望到头的生活，不想到老了，都没有一个好故事可说。这个选择，让我活成了今天的模样。"

在困境下的关键选择塑造了现在的你，也只有这些选择才能代表你。找出你做这件事时面临的困境、做出选择的原因，你就能讲一个真正能代表你的故事，这个故事也一定会打动人心。

◎模型②：一个逆袭重生的故事

这个非常容易理解，某些网课平台上经常有这类标题：《曾经亏损 100 万，如今靠抖音月入 10 万》《曾经被上百家公司拒绝，连吃 3 个月馒头，掌握这一招后，连续拿到多个 500 强 offer》。

这就是逆袭故事，也有人称之为"卖惨故事"。但无论哪一种名称，都不能否认这类故事的传播速度非常快。

为什么？因为容易共情。

曾经的你越弱，就越能增强读者的自信。试想，当一个能力弱的人说要教授自己某项技能时，读者的心理一定是："就他这样的都能学会，那我自然也不在话下啊。"

这类故事虽然传播快，效果也不错，但我们在打造 IP 时会建议 IP 们慎重选择。在现实生活当中，这类逆袭故事当然可以写，但必须要以真诚、真实为前提，否则，效果会适得其反。

◎模型③：一个重拾初心的故事

这类故事最容易赚人眼泪，唤起共鸣。

前段时间焱公子参加某线下活动，主办方组织大家分组搭一个建筑，最后还要根据建筑，发表主题演讲。焱公子被全票投选做组长，负责主题演讲。他与组员群策群力，搭了一个旋转木马。他的主题演讲，也叫《旋转木马》。

他的开头是这样的——

"每个成年人心中，都应该有一座旋转木马，那代表我们的初心。小时候，你想哭就哭，想笑就笑，喜欢就是喜欢，讨厌就是讨厌。非常单纯，没有一丝杂质。

什么时候，你开始变了？

你变得小心翼翼，你开始学会隐藏自己的情绪。你难过的时候不再轻易表露，你看起来开心的时候，也未必真的开心。你越来越成功，但好像，再也找不回曾经的单纯。

你怎么了？是世界变了，还是你变了？很多人告诉你，是你长大了。

我想说，不，你可能是弄丢了最宝贵的东西。"

这段开头打动了现场很多人，有几个女孩眼眶唰地就红了。

这里，焱公子就讲了一个重拾初心的故事。每个人都曾经是个孩子，可以肆意妄为，想干什么就干什么，但随着渐渐长大，背负了越来越多的枷锁。

那么，有没有一个契机，能让我们重新回归自由自在？哪怕，它只是暂时的。

这种故事的动人之处，就在于能够引起强烈共情。

◎模型④：一个血泪教训的故事

跟成功的事件相比，失败的教训其实更吸引眼球。焱公子的第一本书《能力突围》中曾写过一篇陪客户喝酒导致胃出血，虽然拿下项目却马上又丢了的故事，引起了强烈的反响。

从人性角度，摔坑经历天然会让读者更有探究欲和同情心，客观上也更能为他们提供避坑经验。

比如，我们来对比一下：《玩抖音半年，我赚了100万》和《玩抖音半年，我亏了100万》，你更愿意看哪一篇？在线下课问学员时，大多数人的选择是后者。的确，从读者的角度来看，前者听起来更像炫耀，而后者的经验，没准儿自己可以吸取。

◎模型⑤：一个跳出轮回的故事

什么是跳出轮回？就像小说中的齐天大圣孙悟空，有人告诉他，六道众生、生老病死，无人可以幸免。可他不干，他闯地府、闹天宫，跳出三界外，不在五行中。于是，就有了我们从小看到大的这个英雄故事。

回到现实中的自己，原本你的剧情似乎已经注定，只能顺势往下演，没有惊喜，也没有反转，可你偏偏不甘心，就是要尝试跳出来。

谁说读完大学必须结婚？谁说结婚必须生孩子？谁说什么年龄就该干什么事？谁说周围人都这样干，我就必须跟着干？

我偏不，我就是要跳出来，活出我自己。

举两个例子。

第一例是焱公子的故事：一个 500 强职场精英，裸辞成为一名跨界创业者——他跳出了自己的"轮回"。

第二例是水青衣的故事：一个备受重用的体制内骨干，裸辞成为一名 IP 顾问——她也跳出了自己的"轮回"。

你是否可以找到自己跳出"轮回"，或者尝试跳出"轮回"的故事？

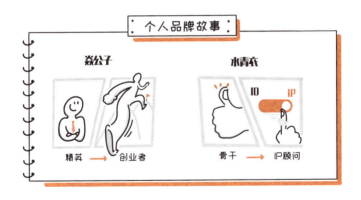

◎模型⑥：一个高光时刻的故事

高光时刻人人都想有，可是很多人在写个人品牌故事时，最大的误区就是把"个人故事"写成了"个人秀场"，总是一不小心就炫耀。

曾看过一份年度复盘，通篇都在晒成绩：和某知名人物拍了多少照片，和某企业达成了多少合作，一年走遍了多少国家，赚到了多少钱……

成绩不该写？当然该写。因为它是你的言行是否具备信服力的最大背书，也是最开始引起读者兴趣的原因。

成绩是不是重点？不是。因为你的成绩跟读者无关。他们更关心的，是你取得成绩的过程、你的成功是否可以复制到他们身上。

在学生时代，我们最讨厌听到学霸常轻描淡写的一句"哎呀，我昨晚也没有看书，我一点都没复习"。但是最后他取得了好成绩，或许只有他自己知道，那无数次漫漫长夜熬过的苦与痛。

比成绩更重要的，是成长。读者想看的是什么？是你如何努力让自己变得更好的过程。对读者来说，比起你的成绩，我更想听到你背后经历的苦难与付出的努力。

请记住，没有人爱听你炫耀。再者，人外有人，你这点成绩在一个更高段位的人看来，也许根本不值一提。

个人品牌故事的 6 个关键词

◎**第一个词：意外——突如其来的意外打破了宁静的生活**

故事的开始，通常是因为某种意外。

2002 年，开连锁餐饮店的老张踌躇满志，做好了年度规划。正在老张要大展拳脚之时，席卷全国的 SARS 疫情突然爆发。

SARS 疫情就是意外。因为出现了意外，就有了后面的故事：

他不得不舍弃线下，转战线上，做起了小食品电商。结果，他像淘宝一样，成功转危为安，越做越好……

卡夫卡的名著《变形记》的开篇可谓意外得惊世骇俗：

"一天早晨，格里高尔·萨姆沙从不安的睡梦中醒来，发现自己躺在床上变成了一只巨大的甲虫。"

意外是悬念所在，也是故事最初的驱动。意外设置得好，能在第一时间牢牢抓住读者，让他们有兴趣继续阅读，看看你究竟会如何应对。意外不一定非要是坏事，也未必只能选择被动接受，它也可能让你"转危为安"或"危""机"互促。

突如其来的意外打破了宁静的生活，这正是一个好故事的开篇。

◎第二个词：两难——成年人的世界从没有两全其美

一个令人动容的好故事，核心从来不是文辞的华美，而是真实的质感。

真实，不仅是你内心的真实表达，更是一种客观看待世界的价值观：不是非黑即白，没有绝对的对与错，有的只是不同的选择。在成年人的世界，最大的真实，是从来没有什么两全其美。我们总在不停地做取舍，每选择一条路，就注定要失去另一条路。

选择当工作狂，就会疏于陪伴家人；选择创业，就要放弃旱涝保收的安稳；选择"某漂"，就必然要承受独自在外的孤单；而对这世间的有些人来说，选择活着，甚至就意味着要暂时放弃尊严……

人性复杂而多面，纠结、摇摆，就是真实的质感。把它们尽可能地客观呈现出来，更容易让读者感同身受。就像英国诗人罗伯特·勃朗宁的诗句："我爱看的是：事物危险的边缘。诚实的小偷，软心肠的刺客，疑惧天道的无神论者。"

◎第三个词：挫折——文似看山不喜平

这世上当然有这样的人：出生就含着金钥匙，要什么有什么，干什么都顺风顺水，稍微一努力就水到渠成……但这样的故事有什么看头？

假使你要打的牌是顺风顺水的主旋律，那么，出现一两段"挫折"乐章，无疑更能增加故事的观赏性。就像一部电影好不好看，很多时候往往取决于反派塑造是否足够成功。DC（美国知名漫画公司）的《正义联盟》为什么不如漫威的《复仇者联盟》？除了情节简单粗暴，更重要的是，超人一出手就把大反派击倒了，毫无挫折可言。

文似看山不喜平。有挫折，情节才会曲折。故事跌宕起伏向前展开，你的成长才更易为读者接受与欣赏。

◎第四个词：拐点——总有一个关键节点事件值得你大肆宣扬

《周易》里说"否极泰来"，陆游在《游山西村》里也表达了同样的意思：山重水复疑无路，柳暗花明又一村。

在现代化的语境里，我们习惯把触底反弹的时刻叫作拐点。

在漫长的人生中，你可能会有很多拐点。在不同的阶段，选择一个拐点写成故事，是很不错的。

焱公子常提及《离开华为三年，我才真正认同狼性文化》一文，因为这个故事诞生在他玩新媒体的阶段："它是我们人生中的第一篇 10 万 +，也是我们切入新领域的拐点。"

而在写曾经糟糕失败的创业经历时，焱公子习惯说，他的拐点是遇见了本书的另一作者水青衣。他曾多次在公开场合表达："在我人生最晦暗的时刻，你是唯一照亮我的那束光。"

每个阶段都可以成为你的个人品牌故事。在写作时，要懂得为故事找到一个值得"大肆宣扬"的拐点。请相信，那些回溯过往而带来的真实情感，会让你的故事更有力量与温度。

◎第五个词：共情——你的文字能否让读者看见自己？

我们曾为某位创业者写过一个故事：他盲目自负，一厢情愿，混淆公与私的界限，第一次创业最终毫无悬念地以失败收场。

故事发布后，在全网各平台都产生了强烈反响，很多读者给我们发私信："你偷窥了我的生活吗？""这可不就是写的我嘛！"跟"写得真好"相比，这些私信更让我们高兴。因为我们觉得这是更高程度的赞许。

观众看一部电影之所以会感动流泪，从来不仅仅是因为剧情本身，更重要的是透过剧情看到了自己的人生。

从人性的角度，每个人首先看到的，都是自己。所以，一个好的个人品牌故事，不该是纯个人化的叙述与碎碎念。能个人化的只是你的写作风格，但故事内容与经历描述，要尽可能照见他人。

水青衣擅长人物专访，她曾经受简书官方邀请担任首席访谈官，访谈文在简书首页、公众号同步发表。栏目语是我们共同打磨的，我们一直非常喜欢："阅读别人，看见自己。"

懂共情，才能触达他人内心，引发共鸣。

◎第六个词：留白——话别说满，才更有回响

在管理艺术和人际沟通中，我们经常会说一句话：话说三分留七分。背后的意思就是，话别说满，要留点余地。世事无绝对，有时往往会说多错多。

回到个人品牌故事撰写，也是类似的道理。IP 在持续成长，个人品牌故事一定是不断迭代的系列剧。没准半年后你回头看会发现，今天说的全是错的。

那么，何不给自己留些空间呢？

漫画《金田一少年之事件簿》里有一道题：十二袋金币中，只有一袋是假币。真币每一枚重 10 克，假币重 9 克。请问最少必须称几次，才能找到哪一袋是假币？

答案是一次。没有给出原因。

不给出答案，是一种留白；给了答案，但没有解释原因，是另一种留白。

留白既是折磨，也是期待。留白留得好，会成为一个强有力的钩子，让读者始终跟着你，一直等着看你的系列故事。

所以，如果你现在到了需要个人品牌故事的时候，请不要一次写满。设计成系列故事，照见你的阶段性成长。让读者不断跟着你的文字，"冬去春来，花开不败"。

案例解析

学员小刀大叔在我们指导下完成了他的第一个个人品牌故事（视频版），感动了很多人，也同时吸引了不少人来跟他谈合作。下面我们来看一看他的三版故事文案，拆解分析为何他的故事能打动人心。

先看他自己写的第一版。标题是《你勇敢过吗？》。

正文：

我来自宜昌秭归一个小山村。从小学起，就经常坐第一排，不是因为我学习好，而是因为我矮。小学卖鸡蛋，初二卖包子，初三领过 50 元贫困助学金，读大学我们家才有电视，这一切皆因为从小家里穷。

个子矮小，家庭贫困，使得我从小性格懦弱，不够勇敢。我很感激我的父母，举债供我读大学，让我这个小个子山里娃有勇气去看外面的世界。

高考语文没及格，梦想大学中南财大，实际就读湖北财专。财务专业的我毕业后选择了一份互联网编辑的工作，因为晚上熬夜学做网站，早上起不来，迟到太多次，被老板辞退。

失业的我勇敢了一把，在武汉创业，哪想到，创业失败，还背了近 18 万的负债。2009 年 9 月 4 日，我坐上了从武汉开往深圳的火车，开启了南漂生涯。初到深圳，没有工作，为了节省成本，和同学合租睡地板。

幸运的是，到深圳不到半个月，找到了在整形美容医院上班的工作。2010 年，跳槽了妇产科医院。工作之余，帮企业做网站，去街头卖唱，想尽一切办法赚钱还债。2011 年，终于还清了负债，和我现在的媳妇确定了恋爱关系。由于我的底气不足，所以关系一直不敢公开。

2012 年，通过内部竞争上岗，升职为管理人员，月薪由最初来深圳的 2000 涨到了 8000。2013 年，为了"赚大钱"，离职创业，从深圳去洛阳，学农产品现货交易。离职不到 3 个月，亏完了 1 年的工资，再次负债 10 万。除了勇敢，我别无选择，结合自己的亏损经历，提炼出了裸 K 交易方法。2014 年元旦前，利用交易方法扭亏盈利，同时和我媳妇的恋情首次公开了。

2014 年，返回深圳，在深圳当时的地标建筑京基 100 大厦注册了现货界公司。由于经营不善，2014 年年底，再次背了近 70 万的负债。除了勇敢，我别无选择。我找了一份兼职，做一些视频剪辑的工作，非常努力地积累了逆风翻盘的原始资金。

2015 年 2 月 28 日，创立了盘思动。高考语文没及格的我，开始靠写专业文章，来打造个人品牌。2015 年 4 月和 5 月，我把自己关在房间里，写了约 10 万字的专业文章。吸引了超过 6000 人来加我 QQ。2015 年 6 月份，在腾讯课程讲了一个月公开课。2015 年 6 月底，我推出了付费视频。2015 年年底，我和我媳妇在深圳有了自己的小窝。2016 年 4 月，我们带上双方的父母和亲人，去巴厘岛完成了旅游结婚。

2017 年，我们开了第一次线下课。2018 年，我们开了第二次线下课。2018 年，我出版了《裸 K 交易员》。2019 年，我们开了第三次线下课。2019 年年底，我们购置了第二套房产。同年年底，我参与了线下餐饮的投资。砍掉了过往所有的盈利产品。还没来得及大展身手。疫情到来，线下餐饮被迫停业。线上业务颗粒无收。我再次陷入了低谷。

除了勇敢，别无选择。2020 年 7 月，我开始挑战金融领域最难学的工具，期权。历经几个月的死磕，借助 2021 年年初的那波行情。我的付出获得了反馈。2021 年 4 月，我成功举办了第四期线下活动。

在这个不确定性的时代。我不奢求能一帆风顺。只求我能做一个勇敢的追梦人。乾坤未定，你我皆是黑马。愿你我皆是勇敢人。

这份初稿，虽然整体叙述很真诚，但前半段过于琐碎，后半段又几乎都在堆砌罗列成绩，没有凸显主题，且全篇字数达到了1100多字。对于短视频文案来说，篇幅过长，很难一直吸引受众注意力。而标题《你勇敢过吗？》也比较宽泛。

针对上述意见，在我们的指导下，小刀大叔进行了二次修改。第二版标题：《一个小个子山里娃的十年》。

正文：

你有过除了勇敢，别无选择的时候吗？

我来自宜昌秭归一个小山村，从小常坐第一排，不是因为学习好，是因为我矮。小学就会卖鸡蛋，初二去卖包子，初三领50元贫困助学金，读大学了我家才有电视，皆因家里太穷。

个矮，家贫，使得我从小性格懦弱，不够勇敢。但我有一对勇敢的父母，他俩举债，也要供我读大学，让我这个小个子山里娃，能出去看看外面的世界。

我的高考语文没及格，被迫就读湖北财专。这事，让本就不勇敢的我更灰心。毕业后，我在武汉第一次创业。毫无意外，创业失败，背上近18万的负债。2009年，我到了深圳，开启深漂。没有工作没有钱，我只能和同学合租，睡地板。之后边上班，边帮企业做网站，晚上又去街头卖唱。终于负债还清，我和现在的媳妇确定了恋爱关系。但由于底气不足，这段关系我一直不敢公开。

2012 年，我升管理岗，月薪由 2000 涨到 8000。第二年，我再次离职创业，结果又不出意外，亏完了上一年的工资，再次负债 10 万。面对接踵而来的打击，我只能咬紧牙关面对。我提炼出裸 K 交易，并真的用交易方法实现了扭亏盈利。此时，我总算稍微松了一口气。我对外公开了恋情。2014 年，我成立公司，"滑铁卢"再度出现，年底，我背了近 70 万的负债。多次打击，早已磨炼出我的心志。

除了勇敢，别无选择。

我做一些视频剪辑工作，最努力时做几百部。慢慢地，积累了逆风翻盘的原始资金。2015 年，我第三次创业，成立盘思动，开始打造个人品牌。高考语文没及格的我，整整两个月，把自己关在房间里，写出约 10 万字的专业文章，吸引了超过 6000 人来加 QQ。很快，我在腾讯课堂讲课、推出自己的付费视频。2017 年到 2019 年，我开了三次线下课，出版了书籍《裸 K 交易员》。

我以为，日子从此就是明媚与阳光。但 2019 年年底，我参与线下餐饮的投资。因为疫情，颗粒无收。我再次陷入了低谷。我也再次想到那句话，除了勇敢，我别无选择。

2020 年 7 月，我开始挑战金融领域最难学的工具，期权。历经几个月的死磕，终于有收获。2021 年 4 月，我再度成功举办第四期线下活动。

这是不确定性的时代，我不奢求一帆风顺，只求我能做一个勇敢的追梦人。乾坤未定，你我皆是黑马，愿你我皆是勇敢人。

相比第一版，第二版把主题真正落在了"勇敢"，精简了不相干的部分细节，把字数压缩到 800 多字，足足砍了近 300 字。且用"除了勇敢，别无选择"串起了全篇，大大强化了情绪渲染和受众记忆点。但事实上，这个篇幅对于短视频来说，还是太长了。

于是，水青衣亲自操刀完成了第三版，也是最终发布版，标题：《一个农村山里娃勇敢追梦的 12 年》。

正文：

我来自湖北农村，从小个矮，家贫，使得我从小性格懦弱不够勇敢。但我有一对勇敢的父母，他们举债供我读大学，让我这个小个子农村娃能走出大山，看外面的世界。高考复读，语文没及格，读了个不擅长的专业，这事，让本就不勇敢的我更灰心。

2008 年毕业，在武汉创业失败，负债 18 万。

除了勇敢，我别无选择。

权衡利弊后，2009 年，我离汉抵深。初到深圳，没钱没工作，和同学合租，打地铺，之后边上班边帮企业做网站。晚上去卖唱，终于还清负债。2013 年，我离职创业再次失败，亏完了上一年的工资，再次负债 10 万。

面对接踵而来的打击，除了勇敢，我别无选择。

我提炼出裸 K 交易，并真的用它扭亏为盈。几个月后，我成立公司,"滑铁卢"再度出现。2014 年年底,我背了近 70 万的负债。多次打击,早已磨炼出我的心志。

除了勇敢,我别无选择。

我很努力做视频剪辑工作,做过的视频高达几百部,积累了原始资金。2015 年我第三次创业,成立盘思动。高考语文没及格的我,学写作,打造个人品牌,两个月写了 10 万字专业文章,吸引了超过 6000 人来加我 QQ。

随后,我在腾讯课堂授课,2015 年年底还清了负债。2017 年到 2019 年,我开了三次线下课,出版了书籍《裸 K 交易员》,我以为日子从此就是明媚与阳光。

去年疫情,我参与投资的线下餐饮惨淡收场,线上业务也搁置,我再次陷入了低谷。我也再次想起那句话:除了勇敢,我别无选择。

2020 年 7 月,我死磕金融领域最难的工具,期权。历经几个月的沉淀,2021 年年初,终有所获。2021 年 4 月,我再度成功举办第四期线下活动。

这是个充满不确定性的时代,乾坤未定,你我皆是黑马,愿你我皆是勇敢人。

这一版字数 600 多字,跟前一版相比,又砍掉了 200 多字。跟初稿相比,足足砍掉了一半。词句高度凝练,主题也进一步凸显,整篇故事也因此更有张力。

小刀大叔的视频号之前发布的作品平均播放量只有几百，这条经过打磨的故事视频发布后，仅 3 天他就拿到了 10 万 +，吸引了数百人来添加他的微信。这就是一篇好的个人品牌故事的力量。

本节总结

一篇好的个人品牌故事，是 IP 对外传播和破圈的最大利器。

个人故事与个人品牌故事的不同点在于，前者重故事性，后者重商业性。

从故事性出发，我们提供了 6 个好用的故事模型：一个找出动机的故事，一个逆袭重生的故事，一个重拾初心的故事，一个血泪教训的故事，一个跳出轮回的故事，一个高光时刻的故事。

要写好一个个人品牌故事，你可以运用 6 个核心关键词：意外、两难、挫折、拐点、共情、留白。

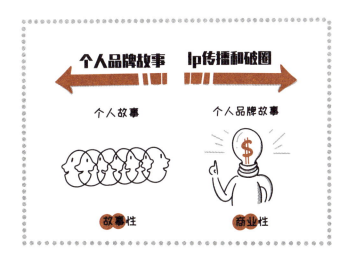

内经营：精准匹配 3 种用户关系，获得高转化

3 种用户关系

IP 只要在公开平台发声，或多或少就会面临 3 种受众，分别是：**反对受众、中立受众和支持受众**。这 3 种受众比例如何？通常中立受众是最多的，反对和支持受众一般各占一成。

反对受众是什么？在自媒体平台，大家习惯称之为"黑粉"和"杠精"。这种受众就是，你无论表达什么，他都要喷你，他的存在就是为了喷人。

面对这样的人，最好的应对策略是什么？

你跟他对着干，甚至在公众平台呛声，肯定是下策，因为在其他受众看来，你显然把自己拉到了和他一样的层次。一言不合就拉黑或者置之不理，虽然可以这样做，但未必是最好的解决方案，因为有一些人还没有严重到要拉黑的程度。

这时候，就需要我们懂得经营与用户的关系。通常分几种情况处理：

1. **拉黑**。对于对 IP 进行人身攻击、话语不堪入耳的人，直接拉黑。

2.**改善**。因为立场问题跟你持反对意见的，其实可以尝试改善，使其"黑转路""路转粉"。也就是尝试着让反对者从对立转为中立。你要做的是削弱他的负面抵触情绪。我们先举一个生活当中的例子，来看看如何经营反对受众。

水青衣前段时间出差时，要从机场打车到某地，她在等出租车时突然发现目的地很近，就想到司机一定会很生气。于是，她在说出地点前，提前跟司机道歉，并提出多给 20 元，这就完美地解决了司机可能会触发的不良情绪。

一路上，司机全程都充满笑意，不仅车开得很稳，还热情地介绍了很多当地特色小吃与其店铺所在的位置，双方相谈甚欢。

再举一个工作中的例子。焱公子之前写文章常常站在管理者和老板的角度，虽然就事论事、观点不偏不倚，但依然引来了不少基层员工的不爽，评论区总是一片"腥风血雨"。这些受众表达的都是他们真实的心声，难道 IP 要与他们反唇相讥吗？

当然不是，之后焱公子又出了一系列文章，更多是站在基层员工的角度思考问题，于是天然就拉近了和他们的距离。

3.**增强**。理性面对支持受众，增强你们之间的关系。

支持受众就一定会是 IP 的付费用户吗？当然不一定。很多人喜欢看你的视频、文章，认同你的观点，某种程度上也说明真正喜欢 IP，但他们不见得会来付费听 IP 的课程、购买 IP 推荐的东西。所以，对于原本支持你的受众，经营的核心关键词是：**增强受众对 IP 的兴趣或信心**。有 3 种方式可以增强：

◎第一种，上价值

乔布斯当年挖走百事可乐的市场营销副总裁时，就用了"上价值"："你是要卖一辈子糖水，还是跟我一起改变世界？"一句话，立刻就增强了支持受众对未来的期望，也增强了对 IP 的信心。

我们见过一位做保险业务的 IP，他是这样"上价值"的："你觉得自己是个负责任的男人吗？（对方回答：是的）。那你若是受了伤、出了意外，还能不能负责任？你不买保险能行吗？保险，是一种帮助人的事业。"

给大家提供一个非常好用的"上价值"句式，可以自己练一练："我貌似在 ＿＿＿＿＿＿＿，但其实我真正的任务是 ＿＿＿＿＿＿。"

比如：

我貌似在卖汉堡，但其实我真正的任务是卖时间，帮助客户省时间。

我貌似在卖热干面，但其实我真正的任务是传承千年记忆。

我貌似是部队的伙夫，但其实我真正的任务是维系前线的士气。

"不是你卖出了多少货，而是你帮助了多少人"是一句常常被用来"上价值"的话语。如果你想增强跟用户的关系，就不要总是盯着用户是不是给你付费了，你要做的，是找到价值点，并告诉对方。

◎第二种，提前引爆

先来看一个例子：

妈妈买了两盒昂贵的保健品，身为子女，你会对她说什么？

1. 真是太贵了。

2. 这玩意的功效都是骗人的。

3. 你知不知道果汁在家就能做。

4. 你又没病。

5. 可能会有副作用。

以上答案，无论你说哪一条，妈妈都能找出理由反驳，而且这些话很明显是商家教的。每一句都让你觉得毫无道理，但因为对方是自己的母亲，你又无法进行强烈的反击。为什么会出现这样的情况？其实，这就是"提前引爆"。

假如，该商家已经预知到身为儿女的你会这样说，在老人家买东西前，就逐一将这些问题做了解释（也许是极度歪曲事实）。老人家因为被提前"打了预防针"，儿女的说法就可能无效了。这就叫提前引爆。

还有类似的例子。比如，李嘉欣代言的巴黎欧莱雅的广告语"因为你值得"。这句话是什么意思？它是在跟你解释，为什么我们的产品这么贵。

生活中我们经常会听到这样一句话：有句话，我不知道该不该说。听起来像是废话，但其实听者能立刻意识到，对方是在提前告诉你：接下来我要说出口的话可能不好听，你要提前做好心理储备哦。对方是在帮助你修正你的预期。

所以上述卖保健品的商家，完全也可以用类似的句式跟老人说："我猜你的子女一定会这样劝说你……"

水青衣的助理叫花花，她某次线下课程后结束后回家的路上遇到了一件有意思的事。

花花从火车站出来，时间已经是晚上 11 点，一排又一排的出租车停在马路边。司机都下来拉客，有好几个司机大哥一边招手，一边热情地问她想去哪里。其中有个司机看她正在打滴滴，立刻说："现在这个时间，你打滴滴是打不到的，你看你都打这么久了。滴滴还贵，你坐我的车，我给你便宜 10 块钱。"花花一个单身女孩，听完后心里更忐忑了，她抬腿就继续往前走，可不想为了省 10 块钱冒任何风险。

不一会儿，她又遇到了一个司机，他也问花花要去哪里，并说出了这样一番话："我的车是正规车，3 公里内 12 元，不随便加价。打表，开发票，发票上就有交通局电话，车牌号啥的你上车前拍下来，你现在就把车牌号告诉家人。上车了，你再把导航打开，我按照你的导航走。"

"打好预防针"，提前引爆对方的顾虑，这番话是不是说得很漂亮？花花想了想，便坐了这个司机的车。司机很健谈，两人聊了一路。花花说，也许他是想让她放松些。下车时，花花多付了钱，说是请司机喝杯茶，大晚上的都不容易。司机特别高兴，连声道谢。

　　还有一种场景，"提前引爆"的策略也非常好用。如果你做过销售，应该会经常遇到用户几乎都已经准备交费了，却突然蹦出来一句"我还是要回去跟我老公 / 老婆 / 家里人商量一下"的场景吧。只要这个"隐形第三者"出现，而销售员又束手无策时，这单生意大概就黄了。

　　这种情况，该如何"提前引爆"？

　　你可以打提前仗，抢先试着问用户类似的问题：您家 ×× 会觉得这个重要吗？

　　比如你是个房产中介，正陪一位已婚女性看房，她对房子整体满意。此时，你要假设她的老公也在现场。可以这样问："女士，这个房子朝西，下午可能会比较热，您在意吗？"

　　"哦哦，您不在意哈。那么，您先生会在意吗？"

　　如果这位女士的回答是"我老公也不在意"，或者"家里都是我做主"，那么到了付款环节，她就没法再说出那句"我要回去跟我老公商量一下"了。

◎第三种，永远聚焦下一步，而不是最终成交结果

过于急功近利是令人戒备且反感的。

做 IP 特别重要的一点，就是目光不能太短浅，要聚焦长期。在第三章我们曾说到过私域，现在私域流量倡导的也是 LTV（Life Time Value），注重用户的终生价值。

既然如此，就别总想着把最后一步结果提早、提前来做。始终聚焦事件的下一步，更有利于经营彼此的关系，从而更稳固地导向你想要的结果。

比如，明天你要做直播，带的是客单价比较高的产品。你今天就会想，问题是无法轻易地让直播间里的粉丝下单。如果这时候，你的解决方案是在直播脚本上写更多的销售话术，这大概会更难。

好的做法是，可以引导粉丝先把产品放进购物车，然后告诉他们，只要放入购物车就可以领取优惠券。

领取优惠券就不太会令人反感。等到下一次，你再做进一步的引导。根据步骤逐步引导，无疑会把难度降低许多。

我们有一个非常聪明的女性朋友，叫斯颜。她老公之前很胖，但斯颜只用了半年时间就成功让老公心甘情愿地减肥，现在她老公变成了一个型男。

在一次聊天时，她分享了自己是如何让老公减肥的。她说老公本身是个强势又有点懒惰的人，直接让他减肥，很容易失败。

她做的第一步，是说服他尽量在家吃饭，这样可以有效控制高油高脂的摄入。

第二步，说服他每天量体重。这样能让他得到即时反馈，每天都感觉到变化，从而慢慢产生动力。

第三步，说服他养条狗。这样他每天早晚遛狗时，顺便就增加了运动量。

第四步，她自己办了一张健身卡，并说那里的教练都很帅，于是老公也立刻决定办一张卡，跟着老婆一起去……

你看，斯颜正是采用了始终聚焦下一步，而不是直奔最终结果的方法，获得了好的结果。

◎**第四种，调和**

这是面对中立受众时使用的方法。中立受众是 IP 的粉丝中占比最多的一类。要先知道，人们为什么会保持中立？大概分 3 种情况：

☆**无知中立**：你讲的事情，我不知道。

☆**冷漠中立**：你讲的事情，我不在乎。

☆**犹豫中立**：我知道你还不错，但我分辨不出来你跟其他人的孰好孰坏。

（1）解决无知问题

对于无知中立者，IP 可以直接告知。不过，与直接告知相比，间接告知的方式更好。举个例子。

☆**直接告知**：焱公子，内容创业者，专注打造 IP 与内容落地培训。

☆**间接告知**：水青衣，11 岁发表作品，小说和诗歌上过国刊、省刊，在鲁迅文学院进修过的省作协会员，现为 IP 顾问……而她的合伙人，就是大名鼎鼎的焱公子。

再举个例子。

☆**直接告知**：我的课非常棒，干货满满，你来听绝对不会后悔（有点王婆卖瓜——自卖自夸的味道）。

☆**间接告知**：我每天早上 6 点开课。有个学员因为迟到 20 分钟郁闷和懊恼了一整天。直到我给他打电话，给他开了个小灶，他才重新高兴了起来。

相比较之下，后者没有一个字在说自己的课好，却让我们不由得想要了解，到底什么课这样厉害，这样有魔力？

（2）解决冷漠问题

对于冷漠中立者，我们要解决两个核心问题：**这件事跟我有什么关系？我为什么要花时间关注你？**

为什么我们一再强调短视频的第一句话很重要？因为你要一开始就解决用户的冷漠。具体怎么解决，在第二章《内容》中，我们已给出了非常详细的解决方案。

（3）解决判断问题

对于犹豫中立者，他们的特点是不会分辨，比较不出好与坏、优与劣。

你也教写作，他也教写作，两个 IP 的课程好像差不多啊？

你也教做陪跑型直播，他也教做陪跑型直播，两个 IP 的训练营好像差不多啊？

我们要为这类用户尝试找出一个更利于他们判断的标准。比如：

☆焱公子 IP 文案营，负风险承诺，3 天无理由退款还会赠送你一份小礼物。

☆《从 0 起步视频号教学攻略，看这一篇就够了！包学包会！》

☆不会挑相机颜色？热爱摄影的人必定非常有个性。什么颜色最能体现个性？红色啊！我们店确实也是红色卖得最好！

如何把那些对自己还不太熟悉、信任的人，转变成真正的付费用户？我们认为，并非最后付费那一刻，才叫成交。只要你跟用户的关系比之前有了明显改善，广义上讲也可以叫"转化"。

我们成交的，是用户的"情感账户"，随着这个账户储值越来越多，只要你的产品真的能解决他们的问题，付费是迟早的事。

本节总结

当我们试图成交用户时，切记：并非最后付费那一刻才叫成交。只要你跟用户的关系比之前有了明显改善，广义上讲，也可以叫成交。

针对反对受众，核心是削弱他们的负面情绪。

针对支持受众，核心是增加他们对你的兴趣或信心。

针对中立受众，核心是解决他们的无知、冷漠及给出判断标准。

面对不同的受众，懂得适配不同的策略与话术，才会获得想要的结果。

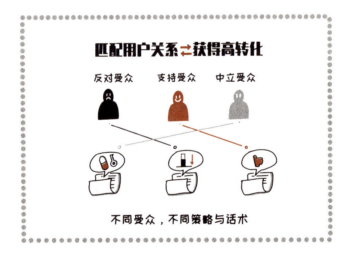

4.3

善借势："抱大腿"刷存在感，让个人 IP 价值最大化

提到借势，雷军无疑是个中翘楚。

曾看过一段故事：当马云仍在处处碰壁、李彦宏尚在美国读书时，雷军已经是金山老总。业界盛传雷军精力旺盛，每天都工作到晚上 11 点后才下班，并且要求极高，事必躬亲。

经过多年的拼搏，雷军如愿迎来了金山（软件及互联网服务公司）的上市，但令他始料未及的是，当年的小弟马云、马化腾和李彦宏，一个个都走到了他前面。雷军很郁闷，辞去了金山 CEO 的职务，反思了三年，后来他想明白了一件事：想要大成，光靠勤奋和努力是远远不够的。

在出售了卓越网（"亚马逊中国"的前身）后，他又经过半年思索，找到了答案：要顺势而为。

为了让自己记住这个答案，他还将自己投资机构命名为"顺为资本"。再之后，雷军提出了著名的"飞猪理论"：站在风口上，猪也可以飞起来。他选择做智能手机，便是看中了这个领域巨大的"势"。结果，他成了。

来看一组非常直观的数据：中国科技公司进入世界 500 强的时间，华为用了 23 年，阿里用了 18 年，腾讯用了 14 年，京东用

了 18 年，而雷军的小米，只用了 8 年。

在打造自己的个人品牌上，雷军也十分擅长借势。

他视乔布斯为偶像，曾言："乔布斯给了我一个与众不同的梦想。"在自己的公开演讲上，他就经常"借势"乔布斯的着装风格，几乎穿着和他一模一样的牛仔裤、T 恤和运动鞋。

他还经常借势很多明星。比如，曾与刘德华在清华大学上演"将人生变成战场"的跨界对谈，也曾跟林志颖在微博上互动，说要帮林志颖的孩子 Kimi 打造"黑米"手机。

他在印度小米发布会上那句"Are you OK"被 B 站 up 主带火之后，他不但不气恼，还反过来借势，没事就用它调侃自己。在小米 10 周年大会上，雷军大大方方地在现场播放了那段鬼畜视频。

而他最著名的借势，当属与董明珠的 10 亿赌约。百度上搜索两人的名字，搜索结果超过 1100 万条。两位创始人 IP 的赌约事件，无形中为两家企业省掉了大笔营销费与广告费。

所以，IP 如果懂借势，与用户的连接效果势必会事半功倍。

借势有能量的人

2018 年 9 月，焱公子同名公众号只有 2500 粉，且已断更近一年。偶尔发一篇文，阅读量只有 100。

当时正是焱公子 IP 的冷启动期，我们需要策划一场事件来让 IP 为更多人知道。于是，经过精心布局后，我们决定运用借势来完成爆文圈粉，从而推动 IP 的影响力造势。

文章选题确定为"华为狼性文化"。选择它，是因为充满争议性的话题更具备火的可能性。狼性文化是好是坏，任何一方都可以说出一堆理由，根本不可能有定论。其中吵得最凶的是什么人？是被当狼使唤，却只给吃草的人。所以，这个选题的布局从一开始就赢了。

文章内容讲述的是焱公子裸辞离开华为 3 年后，因为自己的创业经历，重新反思老东家的狼性文化，从最初对它的不认同，到逐渐改变想法。这篇内容既是 IP 焱公子的有感而发，也是 IP 操盘团队水青衣刻意为之。

当年还没有孟晚舟事件，也没有华为被美国贸易制裁这样的大热点，我们算是生生造了个热点。

这篇《离开华为三年，我才真正认同狼性文化》取得的战绩很显赫，不仅在焱公子公众号上很快成为 10 万 + 爆文，还被全网疯转，有超过 1000 个公众号来转载。登顶知乎热榜第一，最终全网阅读量过亿。焱公子公众号粉丝量从 2500 涨到了 3 万，焱公子的 IP 自此开始被更多人知道。

有个朋友跟我们说，同样是几千粉，这篇文发在他的号上就不会爆，因为粉丝少。而且，虽然阅读的人认同文章的观点，但很难传播出去。

朋友的话的确说明了一个事实：如果不依靠外力，没有通过借势，在当时仅 2500 粉丝的号上，的确很难在极短的时间内爆火。

那么，我们是怎样借势进而取得成功的？

首先，焱公子有好几个 500 人的华为群和爱立信群。水青衣当时做 IP 策划与商业布局时，就充分考虑到了这些朋友，便同意做这个争议性选题。

文章发布后，焱公子第一时间推到这些群里，果然打开率超级高。华为同仁纷纷自发点赞、打赏、转发；而崇尚人性化的爱立信同仁，一边争论钱更重要还是人性更重要，一边也把文章转了出去。

这是第一波借势。

有了这波借势，文章很快获得了 1 万多的阅读量，有了初步的扩散基础。我们拿着数据，迅速找到了一个通信圈的朋友，他有一个 20 万粉的号，在通信行业这种垂直领域算是头部大号。我们跟他说："这篇文数据不错，我们的号只有 2500 粉，现在已经快好几万了哦。如果放你号上发一下，会不会很快 10 万＋？"

对方一看内容和点击量，当即点头同意。文章发布几小时后就立破 10 万＋。这波操作为焱公子公众号引流了几千粉。

这是第二波借势。

这位朋友的公众号上有很多编辑。他们看到数据，就找到了我们，纷纷申请开白转载。在发文当天，我们开出 100 多个白名单。因为这些号的转载，我们又涨了近万粉。

这是第三波借势。至此，我们发现，已经不再需要主动去做什么了。

第二天，更多的公号编辑蜂拥而至，包括插座学院、创业邦等百万、千万粉丝级别的大号，后台开白一度开到系统提示无法再开。

2019 年，距离文章发布已过了一年时间，孟晚舟事件发生，又有很多号为了蹭热点来跟我们申请开白转载。

这篇爆文最终给公众号涨粉超过 3 万。之后，我们如法炮制了更多篇爆文。

借势策略不仅仅能运用在爆文上，在之后的内容营销中，我们都在运用。首先，为精准的受众策划精准的选题；其次，打造有争议性、戳中痛点的内容；最后，借势有能量的人群、平台进行推广与传播。每一次都能获得意想不到的好成绩。

借势身边的人

IP 如果想玩转视频号，获得更好的数据表现，那么就更要懂得借势。

本书第二章中我们曾说过，视频号与抖音不同，它尽管也有系统推荐，但更多还是基于社交分发，即你的微信好友给你的短视频点了赞，那他的微信好友就能够看到你的视频。

在视频号作品发布的初始阶段，如果数据表现不佳，作品就很难进入公域流量池获得大的曝光。所以，如何科学又优雅地"求赞"，从而借到第一波好朋友的势能，推动播放量增长，是 IP 需要着重思考的事情。

在线下课"IP 引爆增长"私享会的课堂上，焱公子常问学员一个问题："微信上令人讨厌的行为，你都经历过哪些？"

现场很热烈，学员们七嘴八舌地回答：

加了后根本没说过话的人，突然让我帮"砍一刀"。

天天群发信息，让我买服务或产品。

大半夜突然把我拉到一个社群。

经常让我帮他们点赞。

在我的社群里，不经我同意就乱打广告。

一进我的群，就忙着把所有人都加一遍。

……

以上所有的行为，都具备一个共同点：**对人缺乏最基本的尊重**。因此被对方讨厌是理所当然的。焱公子接着问大家："那么，你们做过以上的事情吗？"很多人会马上沉默，也有不少人会不好意思地悄声表示自己做过。

没错，这就是我们设计这个问题的原因。

不是让大家去批判这些行为，而是要作为一个 IP 去自我反思，自己是否也曾犯过同样的错？如果你犯过，不管是不经意还是习惯性，别人不愿帮你甚至把你拉黑也就不奇怪了。这大概也是你的数据总是很难做起来的原因。

回到视频号"求赞"借势这件事。"赞"要怎么求，才能不令人讨厌？给大家分享一个基本原则：**针对身边不同人群和场景，设计不同的连接话术**。

在本书第二章，我们曾反复提及一个词：对象感。你的求赞话术必须要有对象感。比如，焱公子曾在母亲节发过一条视频《为什么你妈很难被你骗》。

☆发到普通同事群时，引导语是这样设计的——

回顾我这半生骗我妈的经历，只有两种结果：要么当场被揭穿；要么之后我发现，她只是陪我演戏。后来，我终于知道了原因……此条视频若让你想起自己的妈妈，请都点个赞，多谢！

针对普通同事群，焱公子跟他们最大的共同点，当然是都有父母。所以最好的连接方式就是使用共情策略。

☆发到有很多视频号号主的社群，引导语是这样设计的——

听说发父母题材容易出圈，快来在评论区留下你们的精彩评论，一起出圈啊。最要紧，别忘了助力点个赞，哈哈哈。

因为大家都是玩视频号的，跟焱公子的内容相比，这群受众更在意的是自己的数据。所以，投其所好，用"一起出圈"作为话术，引导他们点赞。

☆发到关系比较好的朋友群，引导语是这样设计的——

兄弟们，帮我戳进去点个赞！视频号基于社交分发逻辑，初期必须通过这种方式才能出圈。如果能看完再点更好，这条我还是很花了些心思。拜托！

因为跟这伙人玩得很熟，想要什么就直接说，不必藏着掖着，不然反而显得矫情了。

上述就是基于不同社群场景设计的不同求赞话术。

基于相同场景，因为发布时间不同，求赞的话术也会相应不同。仍以焱公子的短视频为例，他曾经拍过一条《我用10年找自己》。在刚发布的阶段（时间是凌晨3点30分），他转发到朋友圈时，是这样设计话术的——

我庆幸2015年的秋天，为自己勇敢了一回，愿我们大家都能找到那个真正喜欢的自己。

晚安。

间隔13个小时，在拿到了不错的初始数据之后，他再次分享朋友圈，是这样设计话术的——

凌晨3点30发的，现在2万多播放，1000多个赞，数据还不错。

能不能出圈，就看各位好心又热情的小哥哥小姐姐了，进视频点个赞吧，感谢感谢！

第二天这条视频已经有了2600多个赞，焱公子第三次分享朋友圈时，是这样设计话术的——

昨天发布的这条视频，目前2600多个赞，涨粉200多人，引流微信有 60 ＋。算是小爆了一下。我写了一份非常详细的拆解文档，你照着套用，完全可以迅速复制这类文案。

有需要的，戳进视频点个赞，并留言 666，之后私聊我，我将拆解文案免费送你。

最终，这条视频轻松突破了百万播放，有 4000 多个赞，也为焱公子带来上千精准粉丝。

一键分发当然最容易，但 IP 面对用户时，运营动作越精细，别人才越不会反感，效果也才越好。

本节总结

　　IP 想要成事，光靠个人勤奋和努力是远远不够的，你得懂得向"贵人"借势。这个贵人，可以是有能量的人，也可以是身边的人。

　　IP 设计的内容要想获得更高曝光与破圈，同样要懂得借势。为了更好地向别人借势，让他人心甘情愿地帮助你，懂得针对不同人群和场景设计不同的连接话术，尤为重要。

第五章

变现：不打算变现的 IP 都是在闹着玩

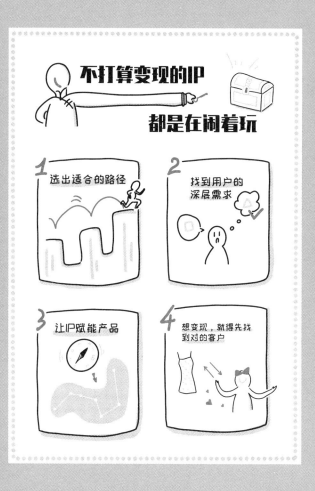

能够真正适配受众的内容，才叫对的内容；能够真正达成用户需求的连接，才叫有效的连接。想变现，就得先找到"对"的用户。

◆ 定路径：3 个维度，选出最适合你的变现路径

◆ 找痛点：3 招探测深度需求，掌握顶尖营销密码

◆ 磨产品：让 IP 赋能产品，更牢占据用户心智

2015 年下半年，焱公子为了体验新的生活可能，从华为裸辞。之后，他重拾儿时爱好，开始写小说。连续写了近 2 年，累计 50 万字，混过很多平台，尝试过各种类型的题材，也确实积累了一些喜欢他作品的粉丝。唯一的问题是，除了少部分粉丝自发打赏，没有一分钱能够额外变现。

按照个人 IP 的定义，彼时的焱公子也算是一个小小的 IP。他有内容（小说），有受众（喜欢看小说的读者）。可因为无法变现，他的公司陷入困境，自身的创作动力也在持续减退。

这首先当然是定位存在问题，另外，还有商业变现路径的问题。

直到 2018 年下半年，在水青衣的策划下，焱公子开始切换到职场与个人成长赛道，情况才开始扭转。

事实上，不以变现为目标的个人 IP 打造，一定无法持久。因为当你只聚焦兴趣本身，你的思考维度也只会从自身喜好出发，不关心市场需要什么，受众又喜欢什么。可以预见，你的内容、产品必定会陷入"自嗨"，导致数据惨淡、无法被外界认可。它们同时又会反过来，一步步蚕食你的内驱力。

与之相反，当你一开始便有明确的商业诉求，你会更加理性、全面地分析现状、规划未来，在这种心态下的 IP 打造才能真正落到实处，产生越来越大的影响力。

所以，把变现放在考量首位，才能好好做 IP，持久做 IP。

如何考量？涉及变现路径、用户需求、产品模型三个方面，我们将在本章逐一来说。

5.1
定路径：3 个维度，选出最适合你的变现路径

个人 IP 最核心的诉求是商业变现，但变现只是最终结果，为达到结果，除了要做好内容、为受众提供价值外，同样重要的，是梳理清楚商业模式，找到最适合你的变现路径，进而就能清晰确定你到底适合销售什么产品。

如何找到适合的路径？我们从三个维度来做决定：**平台、产品和 IP 特质**。

平台

◎公众号的变现方式

IP 越了解风口在哪里，就越能迅速拥抱平台，轻松达成商业诉求。

2012 年微信公众号上线，彼时的微博绝对想不到它会直接倾覆自己的霸主地位。哪怕之后自媒体百花齐放、字节跳动强势崛起，但最具商业价值和广告投放价值的自媒体平台依旧非微信公众号莫属。

焱公子是在 2015 年注册的公众号，水青衣是在 2016 年注册的公众号。两人在彼时彼刻都未曾看清局势，公众号一直闲置。

直到 2018 年 9 月准备开始打造焱公子 IP 时，两人才开始了解公众号乃至整个微信生态的变现路径。

下面我们以公众号为例，来看一看相对直接的 4 种变现方式。

☆第一种，流量主（粉丝量超过 500 即可申请开通）。开通后文章末尾会出现广点通的广告贴片，根据展示量和用户点击量计费。

☆第二种，用户赞赏。打了原创标的文章可同时开通赞赏码，若用户喜欢你的文章，就可以给你打赏，单笔最高可设置 200 元。

☆第三种，广告合作。若你有了一定的粉丝量，可尝试对接广告主来投放；若你写出了爆款，对方也可能主动找上门。

☆第四种，内容电商。自己在公众号链接商城向粉丝销售自己的产品。

这 4 种方式中，前两种需要有较大的粉丝量（比如 100 万以上），或者粉丝黏度非常高，否则变现的可能微乎其微。

下面我们主要说说第三种和第四种变现方式。

◎广告投放流程

我们正式与广告商合作，是 2018 年 9 月发布那篇华为爆文之后。第二天就有一家英语机构来找我们，想要投放他们的英语课。双方当场就谈妥了，合作也比较愉快，之后还陆续合作了多次。

在与广告商不断接触的过程中，我们逐渐明晰了公众号广告投放的流程：

☆首先，你作为号主，要持续输出有价值的内容，以维系公众号黏度，同时通过已有粉丝的转发传播来不断获得新粉丝。

☆当平均阅读量稳定在某个数值，例如 5000 阅读量（通常阅读量 1000 以上即可，当然越高越好），就会有广告主或媒介来谈合作，当然你也可以通过一些第三方平台自主接单。

☆合作通常有两种：广告主请你为其撰写原创文案，或者他们给你一篇通稿可直接发，前者报价会比后者高一些。文案推送后，如果转化效果好，广告主就会主动约下次合作，进行复投。

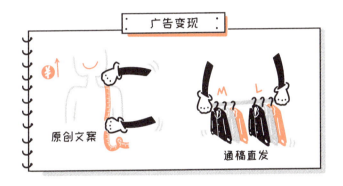

从 2018 年接第一单商务广告到现在，我们公众号的广告复投率还算比较高，我想，核心原因有两个：

一是我们一直在实打实地输出干货内容，的确启迪了很多读者；二是我们对于接广告一直比较克制，那些调性不符的、价格虚高的、过于浮夸的广告一概不接，同时每月最多也只接 4~6 条。粉丝不会反感，转化率也得到了保障。

在不推广告的日常时间，我们就踏实输出自己的内容。如此，就形成了一个简单的商业闭环。

◎内容电商的变现逻辑

内容电商与广告合作最大的区别是，前者卖自己的货，后者推广别人的货。目前，但凡百万粉丝以上的公众号主，大多都有自己的商城。因为在同样的流量下，给别人做推广，还不如销售自己的产品更可控，收益也更高。

☆在平台上，商品想持续吸引粉丝购买，无非有两种方式：要么产品物美价廉，要么通过内容让粉丝对 IP 产生信任，因为喜欢 IP 而爱屋及乌地购买产品。

不过，如果你不是头部带货达人，搞定不了供货商，那让产品物美价廉很困难。相对来说，持续输出走心内容、吸引粉丝购买会比较容易实现。佼佼者如 Sir 电影。2020 年，Sir 曾在自家公众号上推送了一篇关于电影日历和手帐本的文案，虽然日历和手帐本都是商品，但经由 Sir 细细拆解制作过程、讲述设计初心，就让人深切感受到这个 IP 是真正热爱电影的，有着手艺人的浪漫情怀。

我们不是 Sir 的粉丝，那套电影日历和手帐本定价 188 元，价格并不便宜，但焱公子看完推文立刻就下了单。他对水青衣说，Sir 的文字感动了他，他在为一个创作者的初心买单。水青衣在电话那头也笑着说，同一时间她也下单买了日历。

这就是做好内容的魅力。

随着短视频的崛起，图文日渐式微，公众号的大部分变现方式，在短视频平台照样行得通。广告、内容电商等变现逻辑是一样的——在公众号火过的选题，用在短视频上也能火；而我们曾经在公众号合作过的广告主，在短视频方面也有不少和我们重新建立了推广合作。

产品

从个人 IP 变现的角度，可以做 3 个方向的产品：**货品、知识、内容**。

◎货品

大部分传统行业或做电商的朋友，主要就是靠销售实体货物变现的。哪怕今天想玩视频号、抖音或者公众号的人，无非也是想给自己增加一个渠道，将来主要还是靠带货来变现。

◎知识

就是当下很火的知识服务。IP 可以依靠售卖自己的认知经验、专业技能来变现，比如我们开设的 IP 私教班、内容变现训练营等。对于做知识服务的 IP 来说，虽然运营成本低，但对媒介平台的依赖会比卖货高很多。

◎内容

很多头部大咖没有什么明确的产品，但他们输出匹配人设的内容，持续不断圈粉，然后通过接广告、开直播来变现。直播也不必有供应链，而是把自己当作一个平台去经营。

对于普通人，我们不太推荐这一做法。因为内容产品的门槛高，并不是随随便便就能写好、写爆的；同时，接的广告、带的货品会在什么时候找上门来，你自己也并不能笃定把握，所以这种方式是不稳定的。

我们最初单纯做自媒体时就经历过这种模式，之所以后来转到培训和知识服务赛道，就是因为意识到了风险。

IP 特质

◎ IP 特质指的是 IP 擅长的风格及表现力

举个例子，我们的私教学员谷燕燕是一个辞职创业的资深HR。她性格外向，喜欢跟人打交道，跟一群人聊天也乐此不疲。不过，她不太喜欢也不擅长写作。

基于她的特质，水青衣建议她主要通过培训、直播等与人连接的路径去变现。她听从了建议，一边利用多年的从业资历找合作

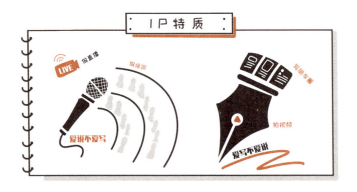

企业进行带教、培训工作，一边开设直播，教 HR 打造个人品牌。

如果 IP 天生亲和力强，擅长表达胜过写作，那么直播对你更适合。如果你的内容力强、不善于当面表达，那么拍短视频、写朋友圈文案是更高效的方式。

最适合的变现路径因人而异。目前，我们对学员建议较多、学员做得也比较好的路径，主要有以下 3 种：

☆第一种：**直播＋私域成交**。通过直播打造影响力和私域维持用户黏度，成交高客单。这种方式适合镜头表现力强且有团队的 IP。

☆第二种：**短视频＋私域成交**。通过短视频输出价值观，吸引三观一致的受众，引导到私域后完成成交。这种方式适合内容力较强，有观点、有态度的 IP。

☆第三种：**朋友圈＋社群＋私聊**。通过在朋友圈持续种草，同时在社群持续发布打折优惠信息，最后通过私聊完成成交。这种方式适合私域积累强的微商以及社交电商。

当然，基于这 3 种，还可以衍生出许多混搭模式，比如"直播＋短视频＋私域"，或者"短视频＋公众号＋私域"。

不过，选择哪一种模式，还是要结合实际情况，根据 IP 自身特质决定。

本节总结

变现是最终结果。为了达到这个结果，除了搞定最核心的内容，同样重要的，是搞清楚最适合你的变现路径。

基于此，我们认为有 3 点尤为重要。它们分别是：平台、产品、个人特质。

不同的平台、产品、个人特质，决定了完全不同的变现方式和路径。变现路径没有什么是最适合的，它是因人而异的。而目前比较顺畅的路径主要有以下 3 种。第一种：直播＋私域成交；第二种：短视频＋私域成交；第三种：朋友圈＋社群＋私聊。

5.2

找痛点：3招探测深度需求，掌握顶尖营销密码

焱公子的前公司爱立信与华为有一条相同的企业文化：**客户至上**。这句话有两重含义，其一是让员工始终知道自己的客户是谁，其二是始终要把客户在意的东西和客户的利益放在首位。

多年来，华为一直坚持的也是这句话：**以客户为中心，以奋斗者为本，长期坚持艰苦奋斗**。

本书第二章中曾提到，要赋予读者四种价值，他们才会愿意看你写的东西，也才会有后续的传播、转化与买单。这里面其实隐藏了一个关键点，叫内容与受众的匹配度。

如何理解？即你的内容或许是OK的，但因为没遇到对的读者，在这种"错配"的连接下，可能就无法产生任何效果，有时甚至会产生相反的效果。

我们之前就有过类似的经历。有一位朋友邀请焱公子去做线下分享，主题是怎么写故事。焱公子问，来听分享的都是些什么人？性别占比、年龄段分布如何？我要根据这些来定具体的分享内容。朋友说她也不能确定，但她预估了一下，应该都是想写故事但又写不好的人，还说："焱公子你随便分享就行。"

分享当天，焱公子就以二三十岁的年轻人为用户画像，充分

准备了大量的故事创作技法，比如，如何写开头、结尾，如何写细节、金句，等等。到了现场一看，来的几乎全部都是老板级的人物，年龄四五十岁居多，几乎每个人的年龄都比焱公子大。

焱公子的心当时就凉了一半，这些事业有成的大佬怎么可能有耐心听技法类这样细碎的内容？

但是，他依然试着分享了本次课纲，果然多数人连头都不抬。有个大哥举手说："老师，你说自己曾在 500 强的企业从业 10 年，如今成功跨界，能不能跟我们讲讲是怎么跨过来的，我对这个感兴趣。"

焱公子长吁一口气。他点点头，直接抛开原课件，开始讲自己的转型故事，以及如何从 0 到 1 打造新媒体矩阵。现场的气氛顿时活跃起来。很明显，这才是听课人群感兴趣的内容。

能够真正适配受众的内容，才叫对的内容；能够真正达成用户需求的连接，才叫有效的连接。想变现，就得先找到"对"的用户。

绘制用户画像

绘制用户画像有两个重要前提，一是懂用户，二是懂自己。

懂用户，是指要懂得分析用户群体。从性别、年龄、职业、爱好、购买力等维度绘制用户画像。画像颗粒度越细、越具体，IP 指向性才越强，成交率才越高。

懂自己，即明确知道自己能提供什么，能帮助用户解决什么问题。

◎不同阶段的画像绘制

IP 首先要能清晰地回答两个问题：**你的用户是谁？你能为他们提供什么价值？**

这两个问题需要分阶段回答。

☆**第一阶段：无用户积累，从 0 起步**

此时，你需要基于自己的定位，先假想一下自己的用户画像。比如，水青衣最初打造焱公子 IP 时，IP 的定位是职场博主，在多数公域平台（诸如头条、百家号等）还没有什么粉丝，可以说是从 0 开始。

那么在这时，定位就要更详细一点，文章想要连接什么对象？

根据测试我们发现，文章写给有 0~3 年工作经验的职场新人看，涨粉会比较快。所以，焱公子就写了大量关于面试技巧、高情商沟通、向上管理等方向的内容，这些文章确实获得了不错的反响，也让他快速完成了人设树立和粉丝积累。

☆**第二阶段：拥有种子用户，需提升影响力**

拥有一定基础的粉丝量后，用户画像就要更清晰，以便内容设计能更精准、更有针对性与转化率。

比如，我们有一位理财师朋友，她在做了妈妈后，结识了很多全职宝妈。她发现这个群体特别需要存在感与认同感，同时又有相对充裕的时间，因此专门为她们量身定做了一个宝妈理财训练营，效果比预想的还要好。到目前为止，她已经开了十几期训练营，在几乎零宣传的情况下，学员期期爆满。

◎匹配用户画像

了解了用户画像，我们就可以匹配用户画像来策划营销事件、宣传推广 IP，完成商业变现。"冠军战略"是我们策划营销时使用较多的一种方法。

什么是冠军战略？即在 IP 所占据的细分领域中，成绩拿到第一。

举个例子，焱公子在 2018 年 9 月正式开始做自媒体，凭借 10 年在 500 强企业工作的经历，选择了职场领域。职场其实是一个很广的领域，我们刚开始的用户画像十分宽泛，什么内容都输出，导致在很长时间内，除了第一篇成为爆文，其后的文章数据都不理想。

后来，我们迅速在公众号调研，通过问卷的形式，回收到百余份答案。根据市场反馈，我们调整了用户定位：0~3 年经验的职场人。他们的痛点是，如何能更快地升职加薪。用户画像清晰后，我们开始设计文章选题，均为实用的解决方案，如面试技巧、汇报策略、跨部门同事间如何有效沟通等。在标题与排版上，也完全匹配平台调性与用户喜好。

根据用户画像调整内容后，多篇文章很快在头条号上拿到了 10 万＋，甚至百万＋的数据。不到半年，焱公子的账号就做到了职场细分领域的头部。

通过冠军战略，我们卡稳了这条赛道。之后还得到了头条官方的各种活动邀约，组建 MCN（英文全称 Multi-Channel Network，一种新型的网红自媒体运作模式）定期参与活动。我们带领 MCN 成员创作，对他们悉心指导，多次荣获"最具实力MCN"，也因此接到了众多品牌主动抛来的广告橄榄枝，帮助成员更快完成商业变现。

再举一个例子。2020 年 6 月，《能力突围》上架。在新书上市前，我们做了详细的推广策划方案，动用了所有能动用的资源来推广这本书。最终结果是，我们拿到了当当新书榜总榜和励志榜的 24 小时第一和周榜第一，并且很快就卖断货了，刚上架就加印。

这次事件营销让很多企业关注到了"职场 IP 焱公子"，我们得到了各种企业内训的邀请，不仅获得了变现，在圈内的影响力也大大提升。

在运用冠军战略、打造细分领域第一的过程中，与用户画像相匹配是很重要的一环。只有了解用户的特质，才能更好地策划营销。

◎用户画像是动态变化的

我们从开始做自媒体到后来做培训咨询、再到现在做打造 IP 业务，一路走来的用户画像都是在不断动态调整的。

开始是 0 到 3 年经验的职场人，他们会阅读、点赞，偶尔打赏。我们并不指着靠这项业务赚钱，但因为有了阅读数据，文章会得到推广，让更多人看到，也就意味着得到了更大的流量。而有了流量就可以接广告，这才是真正商业变现的项目。

后来，我们做培训，开设内容变现训练营，针对想要提升写作力或者期待做出好内容来完成变现的人群，设计课程产品。用户画像的范围扩大了，是针对那些想要摆脱现状、有更多收入、以获得更多的自主选择权的用户。

现在，我们开展 IP 打造业务，用户又调整为各领域的 KOL（关键意见领袖）及企业家群体。

所以，用户画像从来不是单一的，也不是恒定不变的。

找到用户痛点

网上有个段子，说优质用户的排序，大概是女人 > 孩子 > 老人 > 狗 > 成年男性。听起来搞笑又扎心，但仔细想想，又好像确实如此。之所以会有这样的排序，除了有性别、性格和购买力的原因，其实还在于痛点是否显著。

分众传媒董事长江南春在一次对外分享中，曾把用户痛点归纳为：三爱、三缺、三怕。

三爱：爱吃、爱美、爱健康。

三怕：怕老、怕死、怕孤独。

三缺：缺爱、缺心情、缺刺激。

其实，对于 IP 而言，用户的痛点就是我们的卖点，也是我们要探索的需求点。

试想一下，如果你的产品是围绕痛点设计的，一定具有广泛的市场空间。如果你的内容是照准痛点创作的，一定天然具备良好的爆款基础。

基于此，就很容易理解，为什么成年男性排在最末？不是因为他们不爱吃、不爱美，也不是因为他们不怕老、不怕死，而是因为多数时候，他们不太会像女性一样把痛点明显地表达出来。

找到用户的痛点，精准探测到用户的需求，才有可能营销出去，变现成功。

值得注意的是，我们在探测需求、提炼用户痛点时，切忌陷入"自嗨"模式。比如，之前焱公子在杭州上线下课"IP引爆增长"私享会时，问了一个问题："你服务的客群，普遍痛点是什么？"

一位做视觉美学的学员回答："我服务的用户群体，他们的普遍痛点是不知道如何绘制出好看的视觉笔记。"

焱公子追问："能说说为什么你觉得这是用户真正的痛点吗？他们为什么一定要学习绘制视觉笔记？如果他们如果有需求要做，花钱找你设计不是更好吗？"

学员犹豫了，她没能回答上来。

从焱公子的追问中，我们能看到：用户痛点，从来不是IP想当然、拍脑门得出的结论，而需要他们真正走到市场中去寻找答案。

为了更加系统化地找痛点，我们细化拆解成了"用户5问"。

◎第一问：潜在用户规模有多大？

如果 IP 能去认真调研，得到精准数据，那固然很好。但如果受限于时间、精力，也不用对此投入得太多，因为这个问题的设置目的不是要得到准确的数字，而是为了能让 IP 做到心里有数：你要服务的对象，是小众还是大众？服务小众，你的内容得更专业；服务大众，你的内容得更普适。

◎第二问：跟用户是单向给予关系，还是双向赋能关系？

什么是单向给予关系？传统纸媒作者与用户多半就是单向给予关系。这是由付费模式决定的。你需要先付费购买一份杂志或报纸，才能阅读上面的内容，因此纸媒作者不太需要考虑与受众的互动，只需专注打磨好自己的内容即可。

到了互联网时代，游戏规则变了。受众在大多数情况下可以先看内容（至少看一部分），再决定要不要为你付费。像公众号、头条号，虽然有付费阅读功能，但目前绝大多数情况下，都是作者免费发文，读者在留言区评论，作者再接着互动。

网文作者大概是最先适应这种变化的一群人。那些比较受欢迎的大神 IP，除了自身的作品极具吸引力，IP 们往往也非常懂得与读者积极互动。比如，有 IP 就习惯留出书中部分角色让粉丝为其命名，甚至会为铁杆粉丝量身定制角色。这种连接方式就不仅仅是作者单方创作的过程，而完全变成了与用户双向赋能的过程。可想而知，该作品创作完成后，用户的黏度一定很高。

◎第三问：用户付费意愿有多强？

有 100 万粉丝的美妆博主与有 500 万粉丝的搞笑博主，谁的商业价值更高？

显而易见，前者要高得多。美妆账号的核心用户是爱美的女性白领与小资群体；而对于后者，爱看搞笑类内容的人群分类太杂，多数也并没有太高的付费意愿，所以除非做到头部，这类账号变现力其实是非常有限的。

IP 如果有较高的商业诉求，那么从一开始选择领域与方向，确定自己的受众，尤为关键。

◎第四问：用户处在什么消费层次？

用户所处的消费层次，不仅直接决定了他的付费能力，更决定了你的交付难度与"江湖"地位。

2018 年，我们做过一门单价 99 元的新媒体写作训练营，招收了大约 600 名学员。

学员大多数都是还没毕业的学生，或者刚参加工作、满脑子想做自由职业者的年轻人。他们对于自己的未来有太多美好的憧憬，但能力暂时还配不上野心。当二者出现落差时，多数人又往往倾向于把原因归咎于外界，合理化自己的现状。

因此，他们会觉得，交了 99 元，通过听听课，即便不练笔，也能自动获得新媒体写作的技能。但如果自己没有写出好文章，训练营的导师、助教还一再要求练写，他们就会感受到挫败。

结果，那次课程交付，让我们心力交瘁。

后来，我们做了一门单价 2000 元的训练营，情况大为改观。每期大概能招收 100~200 个学员，服务更少的人，却能得到更好的成绩，双方的体验都好了很多。

2021 年，我们将公司的核心客群锁定为企业创始人及微商电商团队长以上级别，单价提高了 10 倍，但客户对我们的认可度反而更高了。

当然，服务更高消费层次的客户不是一蹴而就的，前期必然会有经验积累的过程。只是，如果每个 IP 能在开始前，便想清楚自己将来要服务的用户群体、了解其消费层次，倒逼自己积极去弥补差距，无疑会更快得到好的结果。

◎第五问：把一个产品卖给 100 万个不同用户，还是把多个产品卖给同一个用户？

这个问题中的两个设定，其实正好对应着公域用户与私域用户。在内容变现领域最常见。

前一个设定里的 IP 是公域玩家、自媒体人。典型代表如六神磊磊、Sir 电影等，他们把内容打磨到极致，经由内容凝聚铁粉、引爆传播，从而完成产品销售与变现。往往一个单品就能销售数千乃至上万份。

后一个设定里的 IP 则是私域玩家，内容是他们的获客手段。他们更多地将用户沉淀到 QQ、个人微信及社群，通过用心经营、逐层筛选、吸引用户持续付费，从而将不同的产品卖给同一个人。

想做好公域，侧重点在内容，你需要把真正对用户有价值又符合平台调性的内容打磨好；想做好私域，侧重点则在人，你要把自己当作产品去精雕细琢，还得花费大量的时间精力，经营好跟每一个用户的关系。

做到超值交付

在第一章讲人设时，我们专门写了一句话：跟你是谁相比，用户眼里的你是谁更重要。

针对变现，我们也想请大家记住一句话：**不要自认为你已交付了什么，要让用户感受到你交付了什么。**

举个例子。2017 年，焱公子与水青衣刚刚认识不久。当时水青衣正好到云南旅游，中间途经焱公子的家乡昆明。焱公子拍拍胸脯打包票："你来，我必须好好招待。"

云南最有特色的美食，除了米线，就是各种野生菌子。彼时正是夏天出菌子的季节，焱公子就天天带着水青衣吃米线、菌子。在跟好友聊天时，小伙伴问水青衣，焱公子招待得如何？焱公子哈哈大笑：我把她招待得可好了。毕竟我把我认为最好的东西都带她品尝了，而且这些也不便宜。水青衣听了，也微笑点头。

半年后，焱公子到广西出差，顺道去了一趟水青衣的家乡柳州，待了大概一周。在这一周里，水青衣带着焱公子走街串巷，吃了43道美食，竟没有一次重样的。关键是，这些美食都很符合焱公子的口味。

焱公子惊呆了，问怎么可以做到这样？水青衣笑着告诉他，在他还没有来之前，她就花了三天做功课，把所有好吃的都收集在一个文档里。然后，又用了整整一天时间，从早到晚，把所有好吃的店铺都去实地探测了一遍。

等到回家后，她就根据焱公子"爱吃辣、香"的口味特色，把所有确定下来的食肆画成一张简易地图。等焱公子到了柳州，她只需要拿着地图，就能轻松又快速地走街串巷，带着焱公子吃不重样还喜欢的美食了。

两相对比，焱公子才深刻意识到，人家这才叫用心招待。如果焱公子是水青衣的用户，那这次招待，就是教科书级别的超值交付。

再举一个例子。有一个很有影响力的网文作者，他能记住每个粉丝的生日。在粉丝的生日当天，他会给那个粉丝加更。想想看，如果你是那个粉丝，会不会彻底变成他的"死忠粉"？

IP以诚相待，用户是完全能感受到诚意的。

所以，IP获得变现的最终意义是做到超值交付，提升口碑，让用户不请自来。如果能让老用户充分感觉到"值，真值！"，进而为IP做转发介绍，也会为变现添砖加瓦。

超值交付，是你跟用户产生强关系的开始。

当然，也许IP一开始做不到超值交付，尤其是在用户尚未付费之前，一味投入并不见得可取。但至少，我们可以先甄别用户，并与之建立信任。毕竟，成交的前提，是深层次的信任度。

本节总结

能够真正适配受众的内容，才叫对的内容；能够真正达成用户需求的连接，才叫有效的连接。想变现，就得先找到"对"的用户。

为了做到这一点，我们需要绘制用户画像、找到用户痛点、做到超值交付。

了解用户画像，我们需要分三步走：不同阶段绘制不同的画像、匹配用户画像策划营销事件、动态调整用户画像。

找到用户痛点，我们细化拆解了用户 5 问。

做到超值交付，心里就要时刻装着用户。不要自认为你已经交付了什么，要让用户感受到你交付了什么。

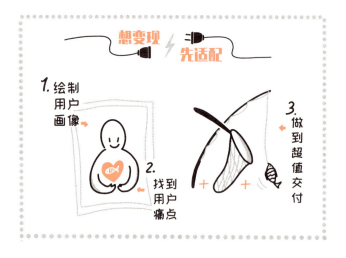

5.3

磨产品：让 IP 赋能产品，更牢占据用户心智

如果个人 IP 的商业变现情况不理想，核心往往是 3 个方面的原因：1. 流量问题；2. 产品问题；3. 模式问题。

流量问题

90% 的 IP 一旦出现流量焦虑，就跑不脱这 14 个字：私域流量已枯竭，公域流量没打通。

公域如何获取流量，本书第三章《流量》版块已用大量篇幅讲述了公域内容怎么玩。至于私域枯竭，则可以尝试盘活留量。比如，将社群、朋友圈、私聊、直播、短视频等联动起来，效果一定倍增。

产品问题

产品没有设计好，变现效果自然不会好。那么，如何设计可变现的产品体系？

◎虚拟产品的阶梯设计

我们的学员有一大部分是知识 IP，他们的产品几乎都是虚拟

233

产品。针对虚拟产品，我们可以做一份阶梯设计。最前端是引流品，一般是 0 元体验课、9 块 9 引流课，或者 99 元网课；而中间档的训练营一般是几百元到一两千元；之后再到几千或上万的线下课、一对一咨询、私教等。每个产品的差价大概在 10 倍左右。

◎ 实体产品的可感知性

对于实体产品，首先品质不能差，其次是要有清晰的市场定位。在产品品质不差的情况下，如果想卖得好，核心原则是：**你的产品卖点、越"可感知"越好。**

什么叫可感知？举个例子，王老吉之前的 slogan 是"中国凉茶领军者"，这句话其实是很抽象的，而且用户会觉得，领军者跟我有什么关系？所以，它后来改成了一句你我都熟知的话：怕上火，喝王老吉。

当我们吃麻辣火锅，想要点一瓶饮料时，往往第一时间就会想起王老吉。这就叫可感知。如果你实在找不出产品独特的可感知点，那就让你自己"可感知"。认真做创始人 IP，让你的温度、个性、独特的价值观被世界感知，从而更好地让你的产品被感知。

◎ IP 为产品赋能

在今天，好的 IP 必然能为产品和品牌赋能。比如雷军之于小米，董明珠之于格力，罗永浩之于交个朋友。对于普通人来说，如何运用 IP 思维为产品赋能？有 3 个核心原则。

☆第一原则：**少即是多**

一个产品可能有一大堆卖点，但一次我们只抓一点，围绕它讲一个故事就够了。比如，焱公子曾经给沃尔沃一款高端车写过一篇软文，这款车有很多特性，但主打的特性是安全。于是他就只拿这一点写文，以曹操这个 IP 的某个突出特质来切入。文章写了曹操是个没有安全感的人，他不信任任何人，连睡觉都带着刀。他的突出特质就是缺乏安全感。而安全，恰恰就是沃尔沃这款车最大的卖点。

这款车当然还有其他的优点，比如舒适、外观时尚、油耗低等，但这些我们都可以单独再写文章，而不必都放在一篇内容里。专注一个点，反而能让受众留下更深的记忆。

再比如，我们曾经给学员布置过一个作业：如果让你给焱公子的书《能力突围》写一篇带货小故事，你会怎么写？这本书总共写了 5 大板块，有沟通、人际、管理等，主题非常多。一个好的带货小故事，当然是选择其中某一个板块或某一个小章节，再聚焦一个具体场景来写，这样带货的可能性才会增加。

☆第二原则：**产品人格化，将产品卖点与个人卖点相结合**

写普通故事时，我们强调要以立意为先，写商业故事则要以卖点为先。这里的卖点，既指你的产品卖点，也指你的个人 IP 卖点。

产品卖点就是，要挖掘最吸引人的亮点，围绕它创作故事。

而个人 IP 卖点，则要找出 IP 身上对别人最有价值的特质，然后围绕它大做文章。如果能把二者结合在一起，无疑更能感染受众。

举个例子。《能力突围》2020 年 6 月上架当当后，除了常规性的发软文、做直播等途径的宣传推广，我们也在身体力行地做着营销。焱公子第一次接了线下企业内训、第一次受邀做闭门会主持人、第一次连续 100 天做社群分享……一直突破自己，让能力不断突围。

在整个营销过程中，我们都在朋友圈、社群进行适当宣传，销售效果非常好。

作为《能力突围》的作者，焱公子一直在对外展示何谓"能力突围"。IP 自己和 IP 的产品紧密结合在了一起，从而使得书也有了人格因素。粉丝下单，不再仅仅因为这本书写得好，也因为喜欢书的作者、感受到作者的超强能量。

☆第三原则：尝试赋予产品某种美好象征

与立意不同，象征能让受众树立更坚定的信心和更为正向积极的价值观，从而让他们心甘情愿地付费。

举个例子。为了销售自己的软件，德国的 SAP 公司讲了这样一个故事：在复活节这天，孩子们可以拿到很多巧克力，每个孩子都很喜欢这个节日。世界上 85% 的可可企业都是使用 SAP 的软件来维持经营运作的，如果没有 SAP 软件，这些经营可可的企业就没办法运作，小孩子就吃不到巧克力了。

SAP 本来是一个针对企业的公司，一般受众对它并不了解，但通过这样一个故事，我们会意识到，原来它和人们的日常生活息息相关，它象征了小孩子的笑脸和幸福感。到此，它就不再是一个冷冰冰的软件了。

这样的例子还有很多。比如，自从有了"钻石恒久远，一颗永流传"这句广告语，钻石就成了忠贞不渝的爱情的见证，它的销量与价格也日益水涨船高。

再比如，原红塔集团掌门人褚时健经历了几起几落，2002 年保外就医后，他决定去哀牢山种橙子，开始第二次创业，周围亲友大多持反对态度，理由显而易见——年龄太大。当时褚时健 74 岁，而冰糖橙挂果要 4 年，届时他将是个临近 80 岁的老人。

褚时健并非没有想过自己的年龄，但他依然迫切想继续追求一种忙碌的生活状态，他认为"如果闲下来，我会病得更严重"。后来的故事，人尽皆知。他种出来的橙子，被称为"褚橙"，也叫励志橙。

褚时健以自身 IP 完美地为他的产品赋能。在这背后，是一个老当益壮的励志故事：你不仅是在吃一颗橙子，更是在品味一种励志人生。

还比如，海尔创始人张瑞敏怒砸质量不合格冰箱的故事。1985 年，海尔从德国引进了世界一流的冰箱生产线。一年后，有用户反映产品存在质量问题，在给用户换货后，海尔对全厂冰箱进行了检查，发现库存的 76 台冰箱虽然不影响制冷功能，但外观有划痕。

时任厂长的张瑞敏决定将这些冰箱当众砸毁，并提出"有缺陷的产品就是不合格产品"的观点，在社会上引起了极大的震动。要知道，在 20 世纪 80 年代，那时物资紧俏，别说正品，就是次品也能卖出去。如此"糟践"物品，大家很心疼。

但是这一砸，砸醒了海尔的质量意识，并在行业中树立了良好的口碑。在后来的全国降价狂潮中，海尔逆势提价 12%，却仍然供不应求。张瑞敏的这一行为是对商品契约的严格遵守，海尔砸冰箱事件直接引发了中国企业质量竞争的局面，对中国企业及全社会质量意识的提高产生了深远的影响。IP 张瑞敏的举动，让人们重新认识了海尔，其品牌形象与商业价值都获得了大幅提升。

这些品牌故事的共同点，都是将产品直接赋予了某种正向价值观，让它们不再只是冷冰冰的物件，而有了温度，从而更为牢固地占据用户心智。

模式问题

跨界创业 6 年来，在商业模型上，我们一直在探索，也摔过不少跟头。焱公子的第一家公司就是因为没有梳理出一个能跑通的商业模型，同时又急匆匆招了不少员工，结果不到一年就倒闭了。如今我们服务了很多 IP 大佬，通过他们的经验分享，对照自己当前的商业模型，我们既感叹质的飞跃，也庆幸之前摔的跟头，现在才能花大力气做商业模型研究。

从个人 IP 的角度，我们总结出，能跑通的商业模型符合 3 个最基本的特质。**1. 有"护城河"；2. 可复制；3. 能多赢。**

"护城河"即你的核心竞争力；可复制即只要你的产品或模型资源完备，就可以迅速规模化；多赢，是让用户觉得物超所值，愿意持续购买，甚至自发地替你做宣传或转介绍。

我们目前正在打造的一位客户 Y 姐，她在上海有非常完备的医疗资源，因此开了一家医疗文创公司。经过市场调研，她发现看病的人需要去医院外面采购物品，很不方便。于是，她打算在上海的医院里设计一个"生活空间"。在这个空间里，有咖啡机、自动售卖机、充电宝等日常用品。

计划书一出，立刻就有好几家投资机构找上门，连带着咖啡机、自动售卖机、充电宝等供应商也找到了她。充电宝厂家甚至还主动表示只要一成利润。如今，她已经在 4 个三甲医院做了试点，从营收数据看，效果非常理想。显然，Y 姐的这个商业模式跑通了。她又做了一轮融资，打算在全上海铺开来做。

我们来对照看看，Y 姐的商业模型是否符合上文说的 3 个特质。

有"护城河"。毫无疑问，那些供应商主动找上门，就是因为看中了 Y 姐过硬的渠道资源。医院这个渠道，就是 Y 姐最大的"护城河"。

可复制。医院的客群都是类似的。"生活空间"如同连锁店，只要在几家医院跑通，自然可以迅速复制，原模原样地粘贴到其他医院。

能多赢。严格来说，Y 姐的客户分两种。一种是合作者，他们通过 Y 姐的渠道进入全新的市场，获得了一定的经济利益。另一种是普通消费者，他们原本在医院买不到的东西，都能在 Y 姐的"生活空间"买到，价格还跟外面持平，自然也会有所收益。几方共生共赢，是特别好的局面。

基于我们自身的产品，再来举个例子。2021 年 7 月，我们新推出了一个"视频号小爆款"财富营，核心交付的东西，是教学员在自己的视频号上发布一条关于自己的走心故事，同时通过这个故事，完成对自己私域用户的筛选与激活。

这个产品一推出，口碑就爆了。很多学员要么购买了我们更高阶的产品，要么疯狂推荐他们的朋友来参加，或者自发帮我们做分销。为什么这个模型能跑通？还是因为具备了这 3 点。

有"护城河"。目前市面上教短视频、教文案、包括教 IP 打造的都非常多，那我们的"护城河"在哪里？这就在于，焱公子和水青衣都是内容人出身。我们从图文到短视频，实打实做了很多年内容，也凭此拿到了结果。我们深谙平台逻辑和用户心理，也非常懂得怎么教学员写出更能打动人心的内容。这就是我们的底气和"护城河"。

可复制。我们为这个训练营做了大量的 SOP（标准作业程序）。包括文案开篇怎么写，情绪怎么转，结构怎么搭，金句怎么出，音乐、图片如何搭配，剪辑如何处理，还有视频发布之后，朋友圈、社群如何推送，私聊的话术如何设计等内容。基本上，只要按照这个流程认真走一遍，人人都可以拿到亮眼的数据结果。

能多赢。我们这个训练营，名义上是教爆款，事实上，学员跟着走了一遍之后，会发现爆款只是手段，最大的收获是帮助他们打通了从公域到私域的闭环，盘活了自己的私域用户。很多学员很快就获得了商业变现，最厉害的学员一周的收益就将近 12 万。你看，对他们来说，是不是会感觉赚到?

事实上，这就是我们前文说过的超值交付。为了持续赢得用户，更快跑通商业模型，我们一定要坚持超值交付思维。

本节总结

如果你的变现不理想，通常是 3 个问题：流量问题、产品问题、模式问题。

运用 IP 思维为产品赋能，我们认为有 3 个核心原则。第一原则：少即是多。第二原则：将产品卖点与个人卖点相结合，使产品人格化。第三原则：尝试赋予产品某种美好象征。这样做的好处，是让产品更有温度，从而更为牢固地占据用户心智。

能跑通的商业模型符合 3 个最基本的商业特质：有"护城河"、可复制、能多赢。

"护城河"，即你的核心竞争力。可复制，即你的产品或模型，只要资源齐备，就可以迅速规模化。能多赢是让用户觉得物超所值，愿意持续复购，甚至自发替你宣传或做转介绍。

水青衣、焱公子和他们的 IP 朋友

联合出品人

（按姓名首字的笔画排序）

◎ **王者老大**：东方置美董事长、新商业共识圈发起人。一个务实的理想主义者。5 年间，旗下的滋美肌专业面膜通过私域销售超过 20 亿。致力于推动中国品牌屹立世界之巅，共建共享 10 亿新消费者私域流量平台。

◎ **王姐**：2~18 岁升学规划开创者、教育部智慧工程研究会升学首席专家。已帮助 10000+ 孩子成功升学，一学期提分 50~300。曾承办国家"十四五"课题。

◎ **Luna**：高级精力管理教练、心理疗愈专家。专注研究精力管理 14 年，与估值 9 位数的企业合作。2019 年创立 Luna 成长学院，已服务 3000+ 客户，其中不乏资产过亿的企业家和世界 500 强中高管。致力于帮助更多学员提升精力、突破个人潜能，加速迭代生命版本。

◎ **小海绵好好吃**：为爱创业的宝妈、健康美食手艺人。专注做健康营养的美食。因为想要儿子多摄入健康蛋白质，辞职上山养猪、开店卖猪肉制品。儿子健健康康，是她作为母亲最大的心愿，让天下孩子都吃健康食物是其最大的人生梦想。

◎ **可可妈 Serena**：个人商业闭环顾问、英语启蒙认知专家。写过万字专著，博士毕业后开始个体轻创业，曾教授上千名学生学英语，英语启蒙家长课完成 5 期招生。后转型为个人商业闭环顾问，目标是带领千名女性做内容创业，完成个体商业小闭环，成为闪亮新女性。

◎ **叶云夕**：IP 规划师、体验设计师。木柏杉文化创意有限公司创始人，前 B 站合作商，助力中小企业引流复购。已帮助 5 家企业实现数倍增收、400 余名学员成功打造个人 IP。有学员仅用 1 个月就实现 6 位数营收。全年做过上百场分享，带领千人早起学习百天。

◎ **吉吉姐 Gigi**：20 万女性社群领袖、中国跨境社交零售先行者、民族品牌创始人，倡导女性经济独立、人格独立。助力国内知名跨境电商平台创立五年成功在美国纽交所上市，贡献超 40 亿元终端零售额。曾获"中国品牌诚信人物""中国品牌十大杰出女性""社交新零售十大影响力团队""品牌强国·新时代领军人物"等奖项。

◎ **华姐**：艺术文化赋能 IP 顾问、智慧财富魔法师，致美私享荟主理人。以艺术文化助力品牌、赋能 IP，致力于帮助 10 万人变瘦变美。前年薪百万职业经理人、视频号金 V 博主，在助农活动夺得销冠。国家二级心理咨询师，养育的三个孩子均全面发展，获名校一等奖学金。

◎**字美美**：字美美练字学堂创始人、女性个人品牌商业顾问。独创 96 字根高效练字法，已影响 10 万＋学员改变多年定型的"丑字"，课程畅销唯库、半月谈等平台。已帮助 100 余名合伙人兴趣变现，打造女性个人品牌。

◎ **麦叔**：CEO 演讲教练，个人及企业品牌商业顾问。具备 16 年品牌整合营销经验，世界 500 强服装企业首席商业顾问，擅长梳理品牌故事、10 秒撰写 slogan。20 年资深媒体人，全国播音主持金话筒提名奖得主，曾搭建百万媒体粉丝矩阵，指导多位讲者登上 TEDx 舞台。个人 slogan："品牌定位准，开口就圈粉"。

◎ **红娘**：红娘社群创始人、深圳市瑞齐安科技 CEO。千聊百万爆款课程"社群掘金术""社群小项目"主讲人。致力解决个人创业者或企业在社群中运营难、变现难、增长难等问题；已帮助 1 万 + 个人和企业在不投入任何广告费用的情况做到业绩增长，累计过亿销售额。

◎ **邬咏梅**：税务股权顾问、上海财经大学公管学院校友会秘书长。最懂社群经济的税务人。先后在税局、世界 500 强著名外企、事务所工作超 25 年，是多家民企与外企的首席税务顾问。专注解决个税、企业生命周期、股权架构设计等涉税问题，能稳健增收达 20%。

◎ **李颖**：营销专家，年销售业绩 1000 万，擅长助力女性独立成长、找到赚钱路径。迄今已帮助 1000 位女性实现从 1 万到 100 万不等的收入增长。

◎ **李赛男**：赛男财富读书会创始人、乐嘉性格色彩分院院长。两年间带领 2000+ 学员精读 50 本书，个人变现 200 万。前媒体人，做过广播电视节目，担任过广东卫视《众创英雄汇》节目演讲导师，指导的学员夺冠、获得数亿融资。曾担任敬一丹、樊登、乐嘉等名家的千人演讲大会、新书签售会主持人。

◎ **李婕**：教练技术践行者、《中国培训》杂志封面人物。国内 Top 3 跨境电商独立站平台 Ueeshop 品牌总监、DISC 授权讲师、认证顾问，富中富财富海洋人生罗盘认证领航教练，电子工业出版社博文视点金牌领读人。合著书籍《破局：成为有优势的人》荣登 2021 年当当网新书总榜第一。

◎ **陈珊**：社群运营操盘手、女性成长顾问、电子工业出版社博文视点金牌领读人。擅长社群精细化运营，打卡全勤率高达 100%。专注培养社群运营官 150 余人，陪伴多名女性跨越式成长。

◎ **陈一莎**：女性财富管理专家、"禾田与诗"书院民宿创始人。践行财富思维破局，三年时间将公益书屋运营成集书院、樊登读书市级中心、民宿等为一体的文化民宿。创办书香丽江讲书人项目，获得"全国终身学习品牌项目""云南省百姓学习之星"等荣誉。

◎ **陈光哲**：瑜伽老师、瑜伽社群"清晨之光"创始人。连续早起 2300 天教授瑜伽。致力于为 10 万人调整体态、优化体型、改善慢性疼痛。曾得到《温州晚报》专题报道、登上浙江电视台新闻频道。2020 年由线下转战线上直播赛道，积累 9 万粉丝，每天带领约 500 人早起练习瑜伽，感受瑜伽之美。

◎ **陈璐**：个人 IP 直播教练、私域高成交教练，创业宝妈，2021 年以素人身份进入知识付费赛道，从 0 到 1 打造个人品牌，9 个月时间创收过百万。撰写书籍、开设训练营，带领学员破圈成长、持续赚钱。每日坚持直播已达 300 余天，影响了 1000+ 普通人启动直播。

◎ **谷燕燕**：HR个人品牌顾问、谷粒HR俱乐部主理人。擅长个人品牌打造、中小企业人力资源数字化运营咨询。个人首条短视频就破10万播放，变现20万。曾用4年时间从助理成长为全国头部人力资源机构的联合创始人。10年来，陪伴了5万名HR职场成长，推动百余名HR拥有自己的个人品牌。

◎ **邱予馨**：珠宝设计师、珠宝鉴定师，觅棠珠宝设计有限公司创始人，承接珠宝加工镶嵌及品牌、私人定制。曾获"北京大学珠宝鉴定师""高级钻石鉴定师""高级翡翠鉴定师""美国认证珠宝设计师"等称号和证书。企业拥有1000平方的珠宝加工厂，工艺精湛成熟，产品远销海外。

◎ **肖维野纳（喜脉）**：视频形象设计师、探火／字制区／设宝网创始人。从事7年品牌策划，擅长通过视觉提升关注率与成交率。开创视频形象设计，为上百位视频号大咖做专属定制。专注以视觉成交思维、独特方案建设创意直播间。设计公益字体"字制区喜脉体"，在2021奥运会火炬传递、央视综艺及各明星短视频等场景运用，个人方法论书籍《视觉竞争》即将面市。

◎ **张万君**：气质形体导师、模特培训机构创始人，专注气质气场提升。从事模特培训10年，专注少儿模特教学8年，培养了上百名导师、上千名模特教师，指导的学生曾参加过国际四大时装周，考入国内服装表演专业知名院校。

◎ **财迷敏敏**：个人财富增长顾问、批量成交教练。4年时间服务10万＋零基础理财入门学员，私域营收超过2000万。私域群发售最高转化率48%。创办财迷投资交流俱乐部、开发基金套利实现课、个人财富增值行动营。单条视频 7 天破 10 万播放量，辅导学员从 0 到 1 打造视频号，播放量达 5 位数。

◎ **易兴**：大学生成长教练、校园市场运营咨询顾问。对大学生的一对一个人咨询已超过 1500 分钟。曾搭建超 3 万名大学生的线上团队，拥有全国 580 所高校的项目管理、校企运营经验。

◎ **林春亮**：财商教育导师、个人品牌商业顾问。做过 6 年理财教育，帮助了 1000 余名付费学员以投资实现财富增值。专注于财经自媒体，撰写原创文字超过 100 万，单篇文章阅读量达 80 万 +。

◎ **雨后山林静**：美国正面管教家长 / 学校讲师、国家二级心理咨询师、国家高级家庭教育指导师。从事教育工作近 30 年，开设的正面管教讲座影响了 3 万 + 家庭。与今日头条教育明星导师姑苏讲堂合著关于青春期孩子的教育书籍，预计 2022 年 7 月上市。

◎**英语番茄老师**：成人英语培训专家、千万级爆款英语课制作人。曾用 2 小时帮助学员掌握英语大框架，学员遍及世界各地，独创"课程 + 社群运营 + 规划"教学模式，令数十万学员受益。与有书平台合作，打造出营收千万的英语爆款课。拥有"课程 + 集训营 + 私教班"的产品矩阵，帮助学员快速高效学习英语。

◎ **香港金融侠侣**：全球投资俱乐部创始人、畅销书《财富自由从 0 到 1》作者。两人分别为美国沃顿商学院 MBA、哥伦比亚大学金融硕士，均在国内外金融机构从业近 20 年。曾任深圳电视台财经频道及樊登读书平台财富讲师。视频号财经博主 Top 10。管理着一支专业财务策划顾问团队，从事中高净资产家庭的财富管理事业，每年为客户配置过亿资产。

◎ **格掌门**：私域操盘手、湖南以人为本科技有限公司与社群格斗术创始人。有 8 年私域操盘手经验，累计服务过混沌大学、安利集团、小红书等超百家企业。已赋能 5000 名个人实现新职业转型及变现，私域课程覆盖亚洲多个国家，致力于陪伴新时代的新商业新人才成长与发展。

◎**唐琨**：中小企业人力资源全案顾问、国家一级人力资源管理师。有 17 年人力资源运营经验，曾服务国企、上市公司、民营企业，擅长初创型企业从 0 到 1 搭建团队，专注于流程再造、组织变革与绩效改进，已成功助力多家中小企业实现业绩倍增。

◎**婉莹小姐姐**：批量成交操盘手，私域成交顾问，《中国培训》封面人物。专注私域成交，曾创下 10 天操盘成交 107 万元以及 1 小时私聊成交 12 万元的业绩。已帮助 1000 余位用户实现了 5~7 位数的收入增长。所著书籍曾获当当网新书励志榜第一名。

◎ **黄胖紫 Seb**：法语教练、个人变现商业顾问。十八线乡村男孩，读了 3 次高三但只考上专科。26 岁创业，通过打造个人 IP，一年内就赚到人生第一个 100 万。至今创业近 7 年，熟悉各类变现模式，专注为个人规划变现路径，放大变现能力。变现没路子，就找黄胖紫。

◎**景红**：智慧营养团队创始人、精准营养学院副院长。专注儿童过敏、肠道等健康问题，提供精准营养定制。2021 年承接儿童鼻炎、腺样体肥大、发育迟缓、荨麻疹等案例 200+，被聘为福州市配餐示范幼儿园驻园营养师。拥有功能医学检测（慢性食物过敏检测、肠道菌群分析）渠道资源。

◎**雅云**：私域变现实战派、很会赚钱的哲学硕士。放弃大学老师的工作，选择做全职妈妈，从月入 300 元到估值 10 亿教育平台的创始团队领导者，旗下成员近 3 万人。私域业绩出色，6 天完成 180 万变现。擅长朋友圈营销、社群成交，曾在客单均价 3 万元的 47 人社群做到成交率 90%。

◎**褚运七**：域有方咨询创始人兼 CEO、私域流量商业顾问，社群增长实战专家。新餐见等平台特聘的私域增长导师，连续担任三届社群商业牛人大会的分享嘉宾。服务线上社群用户累计 100 万人。作为万人共读联盟发起人，指导与运营了多场万人共读活动。

◎**睿希**：中医食疗师、食养文化传播者，5 年时间深耕食疗文化推广，为数千家庭提供食疗食养方案。云青青欲雨，水澹澹生烟。休言女子非英物，夜夜龙泉壁上鸣。是拥有玲珑慧心、乖巧可爱的齐州升阳阁创始人，愿天下孩子健康成长，希望食疗带给更多家庭幸福安康。

◎**蓝色清泉**：声音教练、表达力导师，资深媒体人，曾获国家广电行业最高政府奖"中国广播电视大奖"。采访过 6 国首脑国际峰会等大型活动，参与直播连线 1000+ 次。中国人民大学语言学本硕生，普通话一级甲等。有书平台签约主播、千聊官方合作导师，影响 1 万名用户感受声音之美。

◎**虞苏苏**：她有光女性成长平台创始人、超级个体新商业顾问。专注陪伴 30 万女性独立成长。已在直播间采访 200 余名女性 IP，致力帮助姐妹们成为更好的自己。通过内在精神丰盈，外在财富增值，寻找人生更多可能性，活出生命的光彩！

◎**媛来宠你**：微营销实战导师、资深护肤达人。深耕微营销变现6年，是全国近百家实体店的操盘手，带领团队一年做到2000万业绩。从0起步打造个人IP，一小时招募20多名私教学员。指导零基础学员变现，有的策划活动24小时变现1.5万，有的谈实体加盟2小时收款5万。

◎**静姐**：高效学习成长教练、职场二宝妈。擅长时间管理、精力管理，在全职上班、亲带两娃的同时，用自创的高效学习法、能量管理与时间管理法，拿下了高含金量证书（注会与注税证书），并且培养出学霸娃。能教给父母可复制的"助娃高效学习法""高效备考快速提分法"。

◎Mark：CEO演讲教练、有山文化创始人、中国科大MBA商业路演导师，擅长用故事思维赋能商业影响力。多家上市企业CEO的私人演讲顾问，原创课程"Mark故事课"广受好评。

后　记

剽悍一只猫对谈水青衣：奇女子的创富心法

本文为访谈录，问者为剽悍一只猫，答者为水青衣。

Q：你最擅长帮什么人解决什么问题？

A：我的擅长可以用 6 个字概括：**高势能、低成本**。

01 高势能：为有打造 IP 意愿的个人，构建高势能的个人品牌，解决影响力问题。

02 低成本：凭借独创的内容体系，帮助普通人用内容低成本获客，解决流量问题。

Q：哪本书对你帮助最大，你从里面读到了什么？

A：《资治通鉴》。我从里面读到的，可以用 6 个字概括：**大战争、小关系**。

01 大战争。我是一个创业者。商场如战场，创业很多时候如古时战争一样波云诡谲，

稍有不慎，满盘皆落索。毛主席说："《通鉴》里写战争，真是写得神采飞扬，传神得很，充满了辩证法。"我从《通鉴》的军事战争里，读战略，读突围，读谋定而后动。

02 小关系。成事的关键要素，在于人。《通鉴》中有无数人

与人的关系，成与败、优与劣。这些人际关系，似绳索布网，虽是小小一个结，但千丝万缕，有时牵一发而动全身。我读《通鉴》里的人际关系，读慧眼一人得一城，读信错一人失一国。读知交同好，读际会得失。

Q：你最重要的座右铭是什么，为什么是这一条？

A："天生我才必有用，千金散尽还复来。"选择这一句为最重要的座右铭，原因可以用 6 个字概括：**不忧、不惧、不争**。

01 不忧。我对很多事情都不擅长。例如偏科，数学从小不及格；迷路，就算是从小长大的城市，我也依然找不着北；手机里一个游戏也没有……但我从不忧，我笃定天生我才必有用。

我只专注于擅长的事情，例如内容创作、商业策划。专注领域的结果，是我收获了丰厚积淀：11 岁发表文章，18 岁入作协，还入了中国文学殿堂鲁迅文学院进修；我所做咨询与指导的 IP 客户跨了汽车、服装、珠宝、零食等 25 个领域。

02 不惧。我从小就是各类赛事的种子选手，从读书到参加工作，获奖无数。多年的参赛与台上历练，培养了我的从容淡然、自信不惧。所以，即便所有人都表示惋惜，我也依旧从体制内果断裸辞；即便朋友们都告诉我创业九死一生，我也依旧全心投入。

怕什么万人阻挡，只怕自己投降。千金嘛，散尽了，再赚！

03 不争。"水青衣"是我在作家证上的笔名。选择"水"为姓，因为我喜欢"上善若水"。水利万物而不争，沉心静气、长期主义，将天生我才，用到极致，我相信老天会自有打赏。

Q：在我看来，你是一个很有社交智慧的人，在这方面，你能给大家分享一些心得吗？

A：谢谢您的夸奖，谬赞了。我在社交上，很多时候是职业素养使然。因为之前在体制内做办公室主任，协调上下众多部门、接待各级众多领导。礼数周全、处事妥帖是我必须要有的职场基本功。

创业 5 年来，我接触到更大的世界，遇见了非常多的牛人，常常受益于良师益友们的指点。如果说分享心得，那我抛砖引玉，用 6 个字概括：**嘴严、心细、腿勤**。

01 嘴严。做一个靠谱、让人有安全感的人。我与很多高势能的牛人交往，会听到特别多商业秘密、行业大势，什么该说什么不该说，心里要有数、嘴门要牢。

02 心细。做一个温暖良善、有强共情力的人。我有一次跟闺蜜去看电影，她刚进影厅时搓了搓手臂，我看到了。到了座位后，我自己往前几排走了一圈，然后拉她过来。因为原位置斜上方就是空调口，我怕她在那儿坐久了，可能会觉得凉。

上回在社群里，就有只见过一次面的小伙伴，提到我的表扬词是"观察力强，心思细腻，特别会照顾人"。

03 腿勤。这是我特别想分享的一个点。这个点的关键在 6 个字：积极真诚反馈。

向上反馈——对于高势能的人，我会每隔一段时间就积极反馈成绩，告诉牛人：我从 TA 身上学到了哪一点，并加以认真践行，现在取得了很不错的成绩。

向下反馈——对于来向我请教的小伙伴，我会真诚述说 TA 身上的优点，从 TA 自己都没注意到的细节处，多多给予正向鼓励与反馈。

在线下，可以腿勤点，多跑动；线上就更方便了，手勤即可，多发微信、多通话、多反馈。

Q：我知道你成功指导了很多人打造爆款短视频，在这件事上，你最重要的方法论是什么？

A：是的，今年年初，我就专注研究视频号，带着团队死磕数据，并受邀成为几十位 IP 大佬的短视频顾问，同时，亲自带教与指导了百余案例。我发现，我们能做出众多 10 万 +、激活百万私域流量，最重要的方法论，我想概括为 6 个字：系统性、连接性。

我常常跟学员说，做爆款，不止爆款。一个小爆款视频，除了有数据 10 万 + 的胜利，还应该有涨粉、激活、成交、提升影响力、打造 IP 品牌的复利。

01 系统性。很多人会认真做视频文案、拍摄、剪辑，这些前期工作固然重要，但想拿 10 万 + 爆款，被 10 万人看见，如图所示，其实是一个多模块参与的系统工程。

例如，后期持续宣传，如何有技巧地发布、激活朋友圈、得体地做社群与私域推广更重要。

02 连接性。我是非常注重连接性的。因为与粉丝深度连接越多，越能带动数据增长。

在我的小爆款课程中，文案、剪辑等前期工作会有专门的SOP，就算是小白，也能一步一步按着步骤来。而如何与粉丝连接，我也同样做了一堂课，同样有SOP详述步骤。

例如，在发布前，文案中要设计与你连接的原因；在发布时，视频下方要设计与你连接的公号文章；在发布后，可向通讯录好友赠送制作视频的复盘文章、可对微信私域人群打标签，做话术发送……

连接的触点越多，数据增长越快，圈粉效果越好。做一个爆款视频的长尾效应，是完全超出你的想象的。我的很多学员做完后，有的得到大企业合作橄榄枝，有的招收了数位代理、周入 6 位数，有的销售出 4 万多元货品，有的涨粉上千，等等。

Q：你接下来有什么打算？

A：这是一个非常好的问题，谢谢猫叔。之后的打算，我想用 6 个字概括：**行商、日修、成事**。

01 行商。公司生意会继续认真做。我的业务主要有两项：打造 IP，帮助 IP 构建商业模式、形成商业闭环，获得影响力升级；打造内容，帮助普通人能以低成本获客，获得财富升级。

02 日修。我跟焱公子合伙开的是一家内容创业公司，内容输出也是我的强项。我会好好修炼基本功，通过对外输出，连接更大的世界。传好思想，做好内容，交好朋友。

03 成事。在已有众多成功案例的基础上，继续花大力气打造超级案例，吸引更多有影响力的人来跟我共学。帮助更多人成事，"一起做 IP，一起影响世界"。这也是我们的新书《引爆 IP 红利》的 slogan。

Q：最后，给我们总结一下你的创富心法吧。

A：好的，那我就抛砖引玉，分享 6 个点。

01 欲卖产品，先卖自己

很多人问我，打造 IP 的意义是什么？我通常会告诉他们一个故事：我的一个客户在云南卖珠宝，他来找我咨询时说，他每天努力在朋友圈里刷屏式发珠宝图片、视频，业绩一点没有上升。我问他：你有相关的行业证书吗？他骄傲地回答：当然，我有这个行业所有的资质证书。

我点点头，教他："微信头像不要再用珠宝，换成专业的个人形象照：他拿着放大镜在鉴别珠宝的照片。以后卖珠宝时，不要总是做销售员，一味去推销产品，要以专家的形象出现，打造专业型 IP、懂产品、懂用户、懂得帮助用户解决问题。人们更愿意相信专家，一旦觉得你值得信赖，就更有可能买你的产品。"

这个客户听完去做了，后来开心地反馈：外省的客人专程赶来云南，想让他鉴定珠宝；鉴定之后，就顺便在他的店内成交了。

卖什么都不如卖自己，这就是打造 IP 的意义。

02 克制搞事，谨慎造势

有客户，尤其是创始人 IP 客户来咨询打法时，喜欢问，是不是可以马上搞场大的，把 IP 推出去？我总是回答，不着急。咱们先挖一挖地基。

我做了多年品牌策划与 IP 打造工作，在极短时间内去宣传、去造势不是难事，我们甚至可以做到在一周内就包装好、推出一个 IP。

可是，我从不这样做。

每个 IP 都应是矗立的摩天楼，被人看见，为大众关注。但如果地基不稳，大厦易倾。无论是我自己，还是我打造 IP，我都遵循：

谨慎出场，出场必带价值；但凡亮相，必是冠军相。

03 暗中布局，出手结局

IP 做第一，就会吸引更多人靠近；持续做第一，就能被更多有影响力的人关注。所以，想要"但凡亮相，必是冠军相"，就需要暗中布局，兢兢业业，埋下头沉住气，肯做时间的朋友。

我打造焱公子 IP，所做的第一场造势事件是爆文圈粉。一系列暗中精心的布局，让文章最后获得 1000 多个公号转载；全网阅读量过亿；焱公子公号从 2500 人涨到 3 万人；IP 推广首战告捷。

暗中悄悄布局，出手即是结局。

04 挑战要大，切口要小

IP 如果能挑战自己做到一件普通人难以企及的事情，就很容易被人记住。因为长久的坚持，本身就是一种难能可贵的品质。比如说，我坚持每天直播 2 个小时，已做第 4 年；我坚持写作 8 年，写了 800 万字；在长达 15 年的职业生涯中，我每天第一个到办公室，从无例外……

这些都是切口很小的小事，但因为挑战的数值够大、持续的时间够长，坚持度久到常人难以企及，就会足以令人钦佩与信任。

05 盯着市场，装着用户

我做小爆款财富营，指导学员做 10 万 + 视频，常常会收到一个问题：不想用训练营建议的音乐，是否可以？

我的回复是：可以。但是训练营推荐的音乐都是经过大数据测算和市场验证的。这几首音乐，是用户熟悉度最高的。

用户刷视频是为了放松，熟悉的音乐能更有沉浸感，因为不需要调动太多感官参与。我们做的是个人品牌故事类型视频，如果用不熟悉的音乐，用户的眼睛要看画面、看文字，脑子要想故事，耳朵还要分辨艰涩的音乐。感官调用太多，会累，就会划走。

我在打造 IP 时，特别注重要充分了解市场，脑中时时装着"用户思维"。

06 投资脑子，升级圈子

这世上最不亏的投资，就是投资自己的脑子。只有靠近高手，才能知道高阶玩法。

我跟焱公子每年都会加入一个新圈子，拓圈就是拓人脉、拓认知。我们两个人这几年线上线下，也累计进入了上百个圈子，门槛越来越高，收费越来越贵。但是，有时候在一个圈子里，能得到一个前沿的商业讯息、交到三五个好朋友，就很值得了。

升级圈子的好处，还在于，某些关键时刻大佬们能给你出点子，帮上大忙。

所以，**投资脑子、升级圈子，是财富提升的绝佳路径。**

从 ID 到 IP，我的十点复盘

焱公子

壹　你没用时，认识谁都没用

作为创始人 IP，我从 2019 年开始，除了认认真真做内容，最大的变化就是开始频繁"混圈子"。因为，我要更深入了解同行都在干什么、最新的前沿趋势是怎样的、那些处在头部的玩家又是如何玩的。同时，我还进入了多个 IP 们聚集的圈子，深入其中地感受各行各业的 IP 们如何打造自己的个人品牌。

初次加入时的我，总是抱持着一个想法：来这儿，是学习也是找机会，如果能顺便认识些有能量的人，甚至达成合作，那是极好的。

很快我发现，无论是线下还是线上，无论是现场还是社群，至少八成以上的人都与我的想法如出一辙。不断互加微信、交换名片、耐心倾听对方的声音，一派生机盎然、热火朝天的景象，甚至让人不由生出一种相见恨晚的错觉。

但事实是，绝大多数人的关系，就像是一条时效性极强的热点新闻，热得快，凉得更快。不出 3 天，你们就会成为彼此微信里完全透明的存在。如果不是对方某天突然发一条自动检测好友的信息，或是邀你在朋友圈点个赞，你甚至根本想不起来大家是在哪里相识的。

这才是成年人世界的社交真相：**大家的时间都很贵，当你没用时，认识谁都没用。**

当我意识到这一点后，便不再主动加人，也不再热衷与大咖合影。因此我省出了很多时间，用以持续打磨自己，不断输出价值。基于此，我反而认识与结交了诸多真正需要我、能互通有无的同频朋友，也获得了不少合作机会。

贰　永远不要挑战人性

2019 年元旦，我和青衣策划了一场粉丝福利新年活动。我在支付宝平台设了一个 888 元的现金红包，分成 100 份，并出文告诉公众号读者：只要回复密码，就可以获得随机金额，先到先得。

让我没想到的是，这 100 个红包在定时开奖后的 1 分钟内，瞬间就被抢空了。从没搞过这种活动的我，惊呆了。手速也快得吓人了！我立刻又补了一个 388 元的红包，依旧是 1 分钟抢空。

让我更没想到的是，后台很快就炸了。不少人骂我是骗子，说根本不是诚心想给钱，某些言论之刻薄恶毒，戾气祸及我的人身与家人，令人背脊发寒。

那一天，公众号取关超过 300 人。即便到今天，取关人数也是历史最高纪录。本是为贺新年图喜庆，本是一场福利回馈活动，却收到如此负面的效果。我和青衣认真反思过，这的确是我们的问题：不患寡而患不均，是人性使然。对于没抢到的人来说，我们的活动就是在对抗人性。

之后，我们仍然持续搞诸如送书、抽奖等活动，但不再轻易借助第三方平台，也力争让每个环节都透明可见。

不挑战人性，成了我们设计每一个活动时最底层的逻辑。

叁 把精力用在值得的事情上

我的文章评论区中经常会出现各种"杠精"。2018年年初做公号时，我会忍不住掉回去。青衣笑着说，你很闲吗？黄药师是不会凡事都跟江南七怪斤斤计较的哦。我想想，觉得特别有道理。我现在处理"杠精留言"的方式特别简单粗暴：直接拉黑，1秒搞定。

作为一个内容人，我还会遇到一件不可避免的烦心事：文章总被抄得满天飞。刚开始，我跟青衣在维权上花了相当大的精力。我们会联系抄袭者、投诉至相关平台、认真截图存证然后发申诉帖……

很快，我俩就发现，根本搞不过来。不仅精力耗不起，还极度影响心情，得不偿失。那么是不是就此姑息放弃抵抗？并不是，我找了专业的维权机构。

这些年，我们通过维权机构代理，每年大大小小的维权单子能叠成半人高，也获得了不少相应的赔偿金额。在此过程中，我唯一要做的只是授权和签字，简直轻松加愉快。

我们的精力太有限，把它们用在更值得的事情上，才能更快取得进步。

肆　舍得花钱

在我混过的圈子里，我最喜欢两个人脉社群，一个是剽悍一只猫创建的"剽悍个人品牌特训营"，一个是波波创建的"山顶会"。

在这两个社群中，是极容易受到"红包冲击"的。社群里的IP们都很喜欢发红包。有人做了一个简单分享，发红包；有人过生日，发红包；到了节假日，发红包；甚至群友主动加你，通过之后的第一个动作也是给你发红包。

红包金额量力而为，不见得每个人都发大红包，但经常主动发红包的人，绝对会给人留下"大方友善、值得交往"的感受，因而在后续做连接、谈合作时，必定也更为顺畅。

我和青衣每年都会换一两个新圈子。在自我提升与人脉连接上，我俩会花出去所赚的50%，但效果也显而易见：拓展了视野，获得了合作，得到了流量，也交到了朋友。

某种程度来说，钱真的是拉近距离最经济的方式。舍得花钱，**才能赚到更多的钱**。

伍　克制才显高级

有一名群友总是不断地发自己的连载小说，吆喝社群里的人做点赞、评论与转发。久而久之，他给人的体验越来越不好。即便发红包求赞，也没有人点开阅读了，甚至还有群友友善提醒他。

我突然意识到，自己在别人眼中，有时候也可能是同样讨厌的存在吧？

从此，我便不再随意转发。除非我认为某篇内容确实写得好，能给大家带来价值，我才会转发分享。

以前我没事就喜欢"水群"，但现在也仅在适逢自己擅长的话题时，才出来说几句。这样做的结果，反而让更多的人记住了我和我的文章。

克制，才更显高级。只在恰当时出现，才是高级的亮相。

陆 保持清醒，学会拒绝

在业内稍微有点名气后，我不时会面对一些邀约。有人邀请我讲课，有人找我做咨询，有人希望和我合作。

我和青衣在认真研究后，十之八九都拒绝了。并非不给面子，而是这些机会与我们整体的商业布局和人设定位不完全相符。如果碍于人情或面子勉强接下来，大概率会是一个双输的结果。

倒不如一开始便坦荡拒绝，为将来留下一丝余地和空间。毕竟我的第一次创业，亦是败于不懂拒绝。同样的错误，不应再犯第二次。

保持清醒，学会拒绝，也许才能走得更远。

柒 影响能影响的人，不要尝试改变

从 2019 年开始，我们就开设了"内容变现营"。从结果上看，两极分化特别明显。跟着一路往前走的人，对我们格外认同，始终在不遗余力地四处推广、帮忙做转介绍，很多人还成为我们线上核心团队成员。

当然，也有认为交了钱就瞬间开了金手指，但最后发现"自己竟还需要辛苦地埋头输出才能赚到钱"的人，当中不乏粉转路，甚至粉转黑。在他们眼中，大概会认定自己又一次被割了韭菜。

2021 年，我们开设"小爆款财富营"，教大家如何从一个素人做到一个短视频 IP；从 0 到 1 获得属于自己的 10 万 + 小爆款视频。我们设置了更为严格的入营审核，并创设了预备群来作为适应与过渡。一个行为习惯、思维模式已经基本固化的成年人，确实很难改变。但从预备群就开始明确规则，明确作业要求，在学习氛围、同伴并进的影响下，学员反倒认真而努力地坚持了下来，纷纷拿到好成绩，训练营每期口碑爆棚。

所以对于每个想报我们训练营的朋友，我们都会做真心劝告：一定要慎重。

因为，我们的训练营没有那么神奇，**最多，只能影响那些愿意被影响的人**。

捌　保持适度焦虑

2020 年一整年，因为疫情，我的很多线下邀约与授课都被取消，我和青衣一直都很焦虑。商业模式要调整、业务受阻、客户跳水，这是大的焦虑；内容数据不好、想不出好选题、广告复投率波动，这是日常焦虑；耗费心神培养出来的团队成员，说不干就不干，这是毫无预兆的突发性焦虑。

但也正因如此，我俩才一点儿都不敢松懈。身为创业者，没有托底，没有后路，我们必须时时鞭策自己不断往前，才能获得些许安全感。今天，再度回头看走过的荆棘坎坷，我依然还是那句话：创业者焦虑？我承认，我有。但，我感谢这份焦虑。

活得太舒服，一定会出事，或早或晚。

玖　将自己活成一支队伍，注定做不大

早在 2018 年年底，我们就已经意识到必须尽快组建团队，将自己解放出来。在很长时间里，我跟青衣都把自己活成了一支队伍。内容、运营、商务、策划、编辑排版、课程研发、服务交付、社群运营等等，都是我们两个人在做。

把所有工作系于一身，是小作坊思维，注定做不大，也会反过来进一步限制格局与视野。要走向更大的战场，拿下更高端的客户，我们首先要承认自己能力有限，仅靠个人之勇便想成大事，是种妄念。

因此，这些年来，在做业务之余，我们也花了大量的时间招募、培养、磨合团队。到如今，线上线下都已初具规模。

当然，我们也持续欢迎更多有趣有料的小伙伴加入，无论全职或兼职，都欢迎你一起来并肩战斗。

拾　不时做点无用的事

不论多忙，我经常会做点"无用"的事。比如，经常看些文

学类书籍；兴之所至，随意看一场电影；尽管业务繁忙，但仍会忙里偷闲，拜会一下毫无业务关联的故友，和他们畅快地吃一顿火锅。

我依然会为书里、电影里的情节而感动，依然会因和朋友聚在一起聊一些莫名其妙的话题而感觉惬意与释然。

身为内容人，我强烈意识到，这才是我真正的素材来源，也是我看待这个功利而浮华的世界时，认为它依旧温暖美好的原因。

无用之用，方为大美。

最后

这本书，终于还是写到了这里。

以上，是我从 ID 到 IP，一路走来的感受，归结成了十句肺腑之言。

回想这些年，有太多来咨询打造 IP 的朋友，一开始总是问："我可以做 IP 吗？"每一次，我都是笑着回答："当然。人人都可以打造个人 IP。"

个人 IP，聚焦的是人。

人有什么特点？最大的特点，我认为是流动性。每时每刻，我们几乎都在变化，不管主动或者被动。因此，人是复杂的、多面的，也当然是不完美的。所以我经常跟学员，也跟我自己说，接纳并坦然面对自己的不完美，没必要刻意遮掩。就像知名大 V 和菜头说的那句颇有禅意的话：请你相信，此刻我说的，都是错的。

我们要有人设，但不要只活成那个人设；我们要有聚焦，但不要一成不变。

你在现实中是怎么跌宕起伏、面对两难、不断进步的；你在线上，就该同样真实地展现你自己。在人生的尺度下，所有的术法，都流于浅表。

把人做好，事就不会差。最后，我想说：在做个人 IP 之前，先好好做人，始终做一个鲜活的、有温度的、热血未凉的人。

谢谢你，选择了我们的这本书。在书签里，你能看到我们的企业微信号，欢迎你加我好友，告诉我你的读书收获，或近期的好进展。**让我们一起做 IP，一起影响世界！**

IP变现，共同富裕

88. 普通人做IP容易自我设限，总觉得自己"这不行、那不会"。在"小爆款训练营"里，我们80%的学员都是从0开始，最后拿到播放量5位数的个人品牌故事短视频。他们的重要成事心法就是：管它行不行，先干了再说！

水青衣、焱公子和他们的IP朋友

Mark

CEO演讲教练、有山文化创始人、中国科大MBA商业路演导师，擅长用故事思维赋能商业影响力。多家上市企业CEO的私人演讲顾问，原创课程"Mark故事课"广受好评。

86.向上连接，贵人运一直很好的秘笈，是真诚反馈。真诚地告诉对方，你跟他学到了什么，受他的影响，你有了哪些改变和进步。

87.养成爱看广告的习惯，多想想那些成功的产品文案，是哪些点打动了你。

水青衣、焱公子和他们的IP朋友

静姐

　　高效学习成长教练、职场二宝妈。擅长时间管理、精力管理，在全职上班、亲带两娃的同时，用自创的高效学习法、能量管理与时间管理法，拿下了高含金量证书（注会与注税证书），并且培养出学霸娃。能教给父母可复制的"助娃高效学习法""高效备考快速提分法"。

84.视频号的直播间互动为王、内容为辅，"干湿结合"才是能留人的基本。

85.始终通过输出内容，展露对用户足够的诚意、温度与关心，这才是商业内容能够持续带来高转化的最核心的逻辑。

水青衣、焱公子和他们的IP朋友

媛来宠你

微营销实战导师、资深护肤达人。深耕微营销变现6年，是全国近百家实体店的操盘手，带领团队一年做到2000万业绩。从0起步打造个人IP，一小时招募20多名私教学员。指导零基础学员变现，有的策划活动24小时变现1.5万，有的谈实体加盟2小时收款5万。

82.很多个人IP觉得自己营销力弱，原因往往在于你不好意思打广告、不好意思去私聊，不好意思谈钱。

83.努力让自己变强吧，因为当你越强，遇到的坏人就越少。

水青衣、焱公子和他们的IP朋友

虞苏苏

她有光女性成长平台创始人、超级个体新商业顾问。专注陪伴30万女性独立成长。已在直播间采访200余名女性IP，致力帮助姐妹们成为更好的自己。通过内在精神丰盈，外在财富增值，寻找人生更多可能性，活出生命的光彩！

81.通讯录上有很多只说过一两次话，甚至没说过话的朋友，如何激活？制造一些值得分享的喜悦事件，例如用心做一个个人品牌故事短视频。

水青衣、焱公子和他们的IP朋友

蓝色清泉

　　声音教练、表达力导师，资深媒体人，曾获国家广电行业最高政府奖"中国广播电视大奖"。采访过6国首脑国际峰会等大型活动，参与直播连线1000+次。中国人民大学语言学本硕生，普通话一级甲等。有书平台签约主播、千聊官方合作导师，影响1万名用户感受声音之美。

79.个人IP在朋友圈展示实战经验与成功案例，比单纯晒收入要聪明得多。

80.要想尽方法去打造自己的"超级案例"，当你拥有了好几个高段位的成功案例，自然能吸引更多高段位的用户。

睿希

水青衣、焱公子和他们的IP朋友

　　中医食疗师、食养文化传播者，5年时间深耕食疗文化推广，为数千家庭提供食疗食养方案。云青青欲雨，水澹澹生烟。休言女子非英物，夜夜龙泉壁上鸣。是拥有玲珑慧心、乖巧可爱的齐州升阳阁创始人，愿天下孩子健康成长，希望食疗带给更多家庭幸福安康。

77.个人IP要努力成为"超级连接者"，善于把一群高能量的人很好地聚在一起，让大家互相影响、共同成长。

78.解决问题的高手都是从实战中养成的，例如做大量一对一咨询、建立问答库并定期迭代。

水青衣、焱公子和他们的IP朋友

褚运七

域有方咨询创始人兼CEO、私域流量商业顾问，社群增长实战专家。新餐见等平台特聘的私域增长导师，连续担任三届社群商业牛人大会的分享嘉宾。服务线上社群用户累计100万人。作为万人共读联盟发起人，指导与运营了多场万人共读活动。

75.个人IP打造聚焦人，而不是产品或品牌。个人IP生命周期大于产品生命周期。个人IP能为产品或品牌赋能，也能独立存在。

76.每天复盘是个人IP迅速升级的法宝，没有复盘就没有翻盘。

水青衣、焱公子和他们的IP朋友

雅云

私域变现实战派、很会赚钱的哲学硕士。放弃大学老师的工作，选择做全职妈妈，从月入300元到估值10亿教育平台的创始团队领导者，旗下成员近3万人。私域业绩出色，6天完成180万变现。擅长朋友圈营销、社群成交，曾在客单均价3万元的47人社群做到成交率90%。

73.用户比你想象中更敏感。他们能第一时间分辨出来：你是只想着让他们从口袋里掏钱，还是真的用尽心思，给了他们超出预期的体验、触动或启发。

74.保持内心的柔软与悲悯，是做好内容最底层的逻辑。

水青衣、焱公子和他们的IP朋友

景红

智慧营养团队创始人、精准营养学院副院长。专注儿童过敏、肠道等健康问题，提供精准营养定制。2021年承接儿童鼻炎、腺样体肥、大发育迟缓、荨麻疹等案例200+，被聘为福州市配餐示范幼儿园驻园营养师。拥有功能医学检测（慢性食物过敏检测、肠道菌群分析）渠道资源。

想做持续变现的IP，
持续输出、持续圈粉是必修课

让自己变得更贵，
让自己作为礼物进入到别人的生命里

扫描二维码，关注公众号

输入"变现"，获取变现锦囊

71.跟你是谁相比，受众更感兴趣的，是你能为他们提供什么价值。

72.商业内容，不是因为加了"商业"二字，就应该理性和冰冷。恰恰相反，为了更好地触达用户、实现商业诉求，你的聚焦点，应该尽量多一点放在"内容"上。

水青衣、焱公子和他们的IP朋友

黄胖紫Seb

法语教练、个人变现商业顾问。十八线乡村男孩，读了3次高三但只考上专科。26岁创业，通过打造个人IP，一年内就赚到人生第一个100万。至今创业近7年，熟悉各类变现模式，专注为个人规划变现路径，放大变现能力。变现没路子，就找黄胖紫。

69.你的人设不是说出来的，而是受众自己感觉到的。

70.一定要珍惜在公开场合首次说话的机会。别人愿不愿意和你进一步产生连接，几乎完全取决于你是如何"推介"自己的。

水青衣、焱公子和他们的IP朋友

婉莹小姐姐

　　批量成交操盘手，私域成交顾问，《中国培训》封面人物。专注私域成交，曾创下10天操盘成交107万元以及1小时私聊成交12万元的业绩。已帮助1000余位用户实现了5~7位数的收入增长。所著书籍曾获当当网新书励志榜第一名。

67.在互联网上，有个性，才有记忆点，你生产的内容才更容易被传播。

68.若没有商业考量，普通人完全没有必要做什么人设，做你自己就挺好的。人设，不过是你原本的某些特质的放大。

唐琨

水青衣、焱公子和他们的IP朋友

中小企业人力资源全案顾问、国家一级人力资源管理师。有17年人力资源运营经验，曾服务国企、上市公司、民营企业，擅长初创型企业从0到1搭建团队，专注于流程再造、组织变革与绩效改进，已成功助力多家中小企业实现业绩倍增。

65.打造个人IP，就是一门关于如何占据别人心智的技术。

66.人设是基于你的明确诉求所构建出来的，你的某个可被用户感知的特质的放大。

格掌门

水青衣、焱公子和他们的IP朋友

私域操盘手、湖南以人为本科技有限公司与社群格斗术创始人。有8年私域操盘手经验，累计服务过混沌大学、安利集团、小红书等超百家企业。已赋能5000名个人实现新职业转型及变现，私域课程覆盖亚洲多个国家，致力于陪伴新时代的新商业新人才成长与发展。

63. 做自己真正热爱的内容，才能自如而持久，也才可能真正感染人。

64. 真正有持续商业价值的爆款，一定是围绕特定人群的痛点，精准设计内容选题，让它在你想要影响的圈子，尽可能广泛地传播。

水青衣、焱公子和他们的IP朋友

香港金融侠侣

全球投资俱乐部创始人、畅销书《财富自由从0到1》作者。两人分别为美国沃顿商学院MBA、哥伦比亚大学金融硕士，均在国内外金融机构从业近20年。曾任深圳电视台财经频道及樊登读书平台财富讲师。视频号财经博主Top10。管理着一支专业财务策划顾问团队，从事中高净资产家庭的财富管理事业，每年为客户配置过亿资产。

62.普通人想提升势能，最快的法子之一，是让牛人做推荐。怎么样能得到牛人的认可并给自己提供背书？积极给牛人干活，勤奋靠谱。例如很多人在社群里主动帮群主管理群、收集聊天记录，就更容易被牛人看见。

水青衣、焱公子和他们的IP朋友

英语番茄老师

　　成人英语培训专家、千万级爆款英语课制作人。曾用2小时帮助学员掌握英语大框架，学员遍及世界各地，独创"课程 + 社群运营 +规划"教学模式，令数十万学员受益。与有书平台合作，打造出营收千万的英语爆款课。拥有"课程 + 集训营 + 私教班"的产品矩阵，帮助学员快速高效学习英语。

59.个人IP做私域，要做的从不是运营流量，而是积攒人心。

60.做自我介绍要有对象感，在不同场景下介绍自己，要准备不同的版本。

61.内容，就是你的思想表达。用你擅长的方式，讲你喜欢、相信的话题，就是做出好内容的逻辑。

水青衣、焱公子和他们的IP朋友

雨后山林静

美国正面管教家长/学校讲师、国家二级心理咨询师、国家高级家庭教育指导师。从事教育工作近30年，开设的正面管教讲座影响了3万+家庭。与今日头条教育明星导师姑苏讲堂合著关于青春期孩子的教育书籍，预计2022年7月上市。

58. IP在社群里很"圈粉"的举动:第一是做个有安全感的人,让群主很安心,跟群主一起共赢;第二是做个靠谱真诚的人,在大家有疑惑的时候,能精准给出解决方案;第三是做个温暖良善的人,例如当有人发言,但群里很久无人接话,你的善意回应会给对方温暖。

水青衣、焱公子和他们的IP朋友

林春亮

财商教育导师、个人品牌商业顾问。做过6年理财教育,帮助了1000余名付费学员以投资实现财富增值。专注于财经自媒体,撰写原创文字超过100万,单篇文章阅读量达80万+。

57.做出了一条10万+的短视频算不算里程碑事件？当然算。每个普通人在水青衣老师的"小爆款训练营"里，都收获了自己的小爆款，打造了一场里程碑事件。

易兴

水青衣、焱公子和他们的IP朋友

大学生成长教练、校园市场运营咨询顾问。对大学生的一对一个人咨询已超过1500分钟。曾搭建超3万名大学生的线上团队，拥有全国580所高校的项目管理、校企运营经验。

55.普通人想要提升影响力，就要多做与他人有关且对他人有用的事情。

56.如何能让人觉得IP很有势能？每隔一段时间做一件"里程碑事件"，做出令人叹服的成绩，并且想办法做好推广与宣传。

水青衣、焱公子和他们的IP朋友

财迷敏敏

　　个人财富增长顾问、批量成交教练。4 年时间服务10万+零基础理财入门学员，私域营收超过2000万。私域群发售最高转化率48%。创办财迷投资交流俱乐部、开发基金套利实现课、个人财富增值行动营。单条视频7天破10万播放量，辅导学员从0到1打造视频号，播放量达5 位数。

53.坚持读书和不断破圈，是普通人快速打造个人IP的不二法则。读好书，能见到更大的世界；破圈遇到牛人，能让你也变得更优秀。

54.个人IP变现，靠的是过去的积累和现在遇到的机会。

水青衣、焱公子和他们的IP朋友

张万君

气质形体导师、模特培训机构创始人，专注气质气场提升。从事模特培训10年，专注少儿模特教学8年，培养了上百名导师、上千名模特教师，指导的学生曾参加过国际四大时装周，考入国内服装表演专业知名院校。

做一个好IP，
你就得是一个做出了结果的人

向上学，向下帮，
是个人IP快速进阶的捷径

扫描二维码，关注公众号
输入"流量"，获取流量锦囊

52.在打造个人IP的路上要想常遇贵人，你得是个懂得感恩的人。有位老师某次给我做了指导，教会我一个重要方法论，帮了我的大忙。我后来在他的年度训练营招募时，成功推荐了10位学员加入。训练营的客单价是每人5万元。懂得感恩，能让更多人愿意靠近你、帮助你。（水青衣）

水青衣、焱公子和他们的IP朋友

肖维野纳（喜脉）

视频形象设计师、探火／字制区／设宝网创始人。从事7年品牌策划，擅长通过视觉提升关注率与成交率。开创视频形象设计，为上百位视频号大咖做专属定制。专注以视觉成交思维、独特方案建设创意直播间。设计公益字体"字制区喜脉体"，在2021奥运会火炬传递、央视综艺及各明星短视频等场景运用，个人方法论书籍《视觉竞争》即将面市。

50. 认真而充满热情地宣传自己或自己的产品，向对的人释放信号，勇敢做出成就对方的服务与承诺，你会越来越具备营销力。

51. 个人IP推广自己的最好方式，就是大大方方地推荐自己的成功案例。

水青衣、焱公子和他们的IP朋友

邱予馨

　　珠宝设计师、珠宝鉴定师，觅棠珠宝设计有限公司创始人，承接珠宝加工镶嵌及品牌、私人定制。曾获"北京大学珠宝鉴定师""高级钻石鉴定师""高级翡翠鉴定师""美国认证珠宝设计师"等称号和证书。企业拥有1000平方米的珠宝加工厂，工艺精湛成熟，产品远销海外。

48. 做真实的、想要的自己，才能吸引真正三观一致的人。

49. 每天都要好好爱自己，每周都要连接几个同频，每月都能成就更多对的人，这就是个人IP最高级的打法。

水青衣、焱公子和他们的IP朋友

谷燕燕

　　HR 个人品牌顾问、谷粒 HR 俱乐部主理人。擅长个人品牌打造、中小企业人力资源数字化运营咨询。个人首条短视频就破10万播放，变现20万。曾用4年时间从助理成长为全国头部人力资源机构的联合创始人。10年来，陪伴了5万名HR职场成长，推动百余名HR拥有自己的个人品牌。

47.如果可以，我希望自己保持简单。说想说的话，见纯粹的人，做干净的事。在每一个早上醒来，都对即将发生的一切，充满好奇和期待。

陈璐

水青衣、焱公子和他们的IP朋友

个人IP直播教练、私域高成交教练、创业宝妈，2021年以素人身份进入知识付费赛道，从0到1打造个人品牌，9个月时间创收过百万。撰写书籍、开设训练营，带领学员破圈成长、持续赚钱。每日坚持直播已达300余天，影响了1000+普通人启动直播。

45. 热爱是一种能力。如果最终丧失了它，将来想起来，一定会很遗憾吧。

46. 人为什么会活成自己讨厌的样子？大概根源都是，能力有限，而欲望无穷。

水青衣、焱公子和他们的IP朋友

陈光哲

瑜伽老师、瑜伽社群"清晨之光"创始人。连续早起2300天教授瑜伽。致力于为10万人调整体态、优化体型、改善慢性疼痛。曾得到《温州晚报》专题报道、登上浙江电视台新闻频道。2020年由线下转战线上直播赛道，积累9万粉丝，每天带领约500人早起练习瑜伽，感受瑜伽之美。

43.敏感又心软的人，往往活不出自己，也爱不好别人。

44.你会克制欲望，是因为看到了更好的东西，且懂得它需要不菲的筹码去换取。

水青衣、焱公子和他们的IP朋友

陈一莎

女性财富管理专家、"禾田与诗"书院民宿创始人。践行财富思维破局，三年时间将公益书屋运营成集书院、樊登读书市级中心、民宿等为一体的文化民宿。创办书香丽江讲书人项目，获得"全国终身学习品牌项目""云南省百姓学习之星"等荣誉。

41. 当别人谦虚时，别附和，否则你就是个傻子。

42. 你之所以觉得世界简单，是因为有人在替你抵挡复杂。当那些人都消失后，生活的真相才开始显现。

水青衣、焱公子和他们的IP朋友

陈珊

社群运营操盘手、女性成长顾问、电子工业出版社博文视点金牌领读人。擅长社群精细化运营，打卡全勤率高达100%。专注培养社群运营官150余人，陪伴多名女性跨越式成长。

39.出一本内容不错的书，是打造个人IP的标配。

40.通往梦想的道路很远，需要更多的盘缠。所以成熟的人，不仅要有梦，还要有赚钱养梦的能力。

水青衣、焱公子和他们的IP朋友

李婕

教练技术践行者、《中国培训》杂志封面人物。国内Top3跨境电商独立站平台Ueeshop品牌总监，DISC授权讲师、认证顾问，富中富财富海洋人生罗盘认证领航教练，电子工业出版社博文视点金牌领读人。合著书籍《破局：成为有优势的人》荣登2021年当当网新书总榜第一。

37.当你得知并没有多少人把你放在心上时，你可以有两种心态：自艾自怜，或者长舒一口气——我终于可以活给自己看了。

38.世界没那么需要你。认真享受独处，才是更值得珍视的能力。

水青衣、焱公子和他们的IP朋友

李赛男

赛男财富读书会创始人、乐嘉性格色彩分院院长。两年间带领2000+学员精读50本书，个人变现200万。前媒体人，做过广播电视节目，担任过广东卫视《众创英雄汇》节目演讲导师，指导的学员夺冠、获得数亿融资。曾担任敬一丹、樊登、乐嘉等名家的千人演讲大会、新书签售会主持人。

35.变得复杂，是成长的印记。但对有的人来说，保持简单，可能是他最锐利的武器。

36.你需要特别努力，才可能在多年之后，活得还像自己。

李颖

水青衣、焱公子和他们的IP朋友

　　营销专家，年销售业绩1000万，擅长助力女性独立成长、找到赚钱路径。迄今已帮助1000位女性实现从1万到100万不等的收入增长。

33.我喜欢做引体向上，因为每次做这个动作时，我总会有一种错觉：无论何时，我都可以凭借自身力量，把自己拔离困境。（焱公子）

34.我希望你始终都葆有坚定前行的勇气，和自由飞翔的心。

水青衣、焱公子和他们的IP朋友

邬咏梅

税务股权顾问、上海财经大学公管学院校友会秘书长。最懂社群经济的税务人。先后在税务局、世界500强著名外企、事务所工作超25年，是多家民企与外企的首席税务顾问。专注解决个税、企业生命周期、股权架构设计等涉税问题，能稳健增收达20%。

创始人IP要多刷脸多曝光，
多谈行业少谈自己

个人IP是大势所趋，现在不是要不要打造，
而是怎么样打造的时候

扫描二维码，关注公众号
输入"内容"，获取内容锦囊

30.当你足够了解自己的欲望，知道自己真正想要的东西，坚持起来就没那么费力。

31.我们都终将老去，但我坚信现在做出的一切对抗岁月的努力，一定有意义。

32.当你找到自得其乐的方式，无论走到哪里，都不孤单。

红娘

水青衣、焱公子和他们的IP朋友

红娘社群创始人、深圳市瑞齐安科技CEO。千聊百万爆款课程"社群掘金术""社群小项目"主讲人。致力解决个人创业者或企业在社群中运营难、变现难、增长难等问题；已帮助1万+个人和企业在不投入任何广告费用的情况做到业绩增长，累计过亿销售额。

27.成交是最终结果，它是由每一个有效的下一步层层堆叠而成。

28.没有多少人会一直为你点赞。可正因如此，我们才更要学会为自己点赞。

29.这世上的很多悲剧，都起源于一个人错误地认为，自己在某些方面的天分远超常人。

麦叔

水青衣、焱公子和他们的IP朋友

CEO演讲教练，个人及企业品牌商业顾问。具备16年品牌整合营销经验，世界500强服装企业首席商业顾问，擅长梳理品牌故事、10秒撰写slogan。20年资深媒体人，全国播音主持金话筒提名奖得主，曾搭建百万媒体粉丝矩阵，指导多位讲者登上TEDx舞台。个人slogan："品牌定位准，开口就圈粉"。

24.如果没人为你鼓掌，请务必学会：始终做自己唯一忠实的那个"脑残粉"。

25.IP聚焦点是人，而有条不紊地进行过程展现，是最好的自我营销。

26.没有坚定的价值观，IP只会是灿烂的烟花。

水青衣、焱公子和他们的IP朋友

字美美

字美美练字学堂创始人、女性个人品牌商业顾问。独创96字根高效练字法，已影响10万＋学员改变多年定型的"丑字"，课程畅销唯库、半月谈等平台。已帮助100余名合伙人兴趣变现，打造女性个人品牌。

21.善于团结朋友圈里的牛人，提供价值，与他们互利共赢。

22.要敢于给自己的产品和服务定高价，然后极致用心地为客户做好服务。

23.个人IP最大的魅力是思想魅力，最圈粉的品质是人格修养。

华姐

水青衣、焱公子和他们的IP朋友

艺术文化赋能IP顾问、智慧财富魔法师，致美私享荟主理人。以艺术文化助力品牌、赋能IP，致力于帮助10万人变瘦变美。前年薪百万职业经理人、视频号金V博主，在助农活动夺得销冠。国家二级心理咨询师，养育的三个孩子均全面发展，获名校一等奖学金。

18.聚焦当下，努力做成某个细分领域的头部IP。

19.如何能让用户不请自来？有结果、有方法、擅长一针见血解决痛点，最后一点最重要：你是一个靠谱的IP。

20.要极度重视朋友圈的运营，记住核心用户的信息。

水青衣、焱公子和他们的IP朋友

吉吉姐Gigi

20万女性社群领袖、中国跨境社交零售先行者，民族品牌创始人，倡导女性经济独立、人格独立。助力国内知名跨境电商平台创立五年成功在美国纽交所上市，贡献超40亿元终端零售额。曾获"中国品牌诚信人物""中国品牌十大杰出女性""社交新零售十大影响力团队""品牌强国·新时代领军人物"等奖项。

15.IP要给自己的段位定价，你很贵，不希望别人轻易打扰你。

16.个人品牌定位是做减法、做专注，什么都会做，什么都做不透，是无法让人清晰记住你的。

17.定位不是静态的，它随着你的成长而变化。

水青衣、焱公子和他们的IP朋友

叶云夕

IP规划师、体验设计师。木柏杉文化创意有限公司创始人，前B站合作商，助力中小企业引流复购。已帮助5家企业实现数倍增收、400余名学员成功打造个人IP。有学员仅用1个月就实现6位数营收。全年做过上百场分享，带领干人早起学习百天。

12.真正高级的内容，是多写对用户有用的，而不是自己想写的。

13.个人IP"混圈子"，混的不是通讯录名字的增多，而是拥有互利共赢的朋友。

14.IP要给自己的时间定价，勇于拒绝消耗自己的人或事。

水青衣、焱公子和他们的IP朋友

可可妈Serena

个人商业闭环顾问、英语启蒙认知专家。写过万字专著，博士毕业后开始个体轻创业，曾教授上千名学生学英语，英语启蒙家长课完成5期招生。后转型为个人商业闭环顾问，目标是带领千名女性做内容创业，完成个体商业小闭环，成为闪亮新女性。

9.能量比能力重要，心力决定了结局。

10.很多人打造IP，缺少的不是努力，而是变现的能力。

11.个人IP要努力做到的事：让朋友圈里的人，想到某个标签或需求，就会想到你是他的最好选择甚至唯一选择。

水青衣、焱公子和他们的IP朋友

小海绵好好吃

为爱创业的宝妈、健康美食手艺人。专注做健康营养的美食。因为想要儿子多摄入健康蛋白质，辞职上山养猪、开店卖猪肉制品。儿子健健康康，是她作为母亲最大的心愿，让天下孩子都吃健康食物是其最大的人生梦想。

6.内容力是个人IP的基础能力，持续输出才能持续被看见。

7.不是所有的品牌都要成为IP，但IP一定是品牌进化的最高阶段。

8.学会精准表达，迅速说到点子上，给人以启发，是IP要修炼的基本功。

水青衣、焱公子和他们的IP朋友

Luna

高级精力管理教练、心理疗愈专家。专注研究精力管理14年，与估值9位数的企业合作。2019年创立Luna成长学院，已服务3000+客户，其中不乏资产过亿的企业家和世界500强中高管。致力于帮助更多学员提升精力、突破个人潜能，加速迭代生命版本。

4.认真创作一个个人品牌故事，并想尽方法去传播去推广，让别人看见。

5.用心打磨一条IP故事的短视频，就是打造一张线上吸金名片。每次在微信加了新朋友，都可以发过去，在短短的一两分钟内，让对方认识，迅速拉近彼此距离。

水青衣、焱公子和他们的IP朋友

王姐

　　2~18岁升学规划开创者、教育部智慧工程研究会升学首席专家。
　　已帮助10000+孩子成功升学，一学期提分50~300。曾承办国家"十四五"课题。

1. IP为品牌服务，品牌为IP赋能。
2. 凡是有助于塑造你正向人设的内容，都是对的内容。
3. 很多人真有天赋，更多人用它掩盖勤奋的事实。

水青衣、焱公子和他们的IP朋友

王者老大

东方置美董事长、新商业共识圈发起人。一个务实的理想主义者。5年间，旗下的滋美肌专业面膜通过私域销售超过20亿。致力于推动中国品牌屹立世界之巅，共建共享10亿新消费者私域流量平台。

普通人打造个人IP，
本质上就是亮出独一无二的自己

人人都需要拥有个人IP打造思维，
人人都能够在自己的圈子里成为IP

扫描二维码，关注公众号

输入"测评"，获取个人IP定位测评表

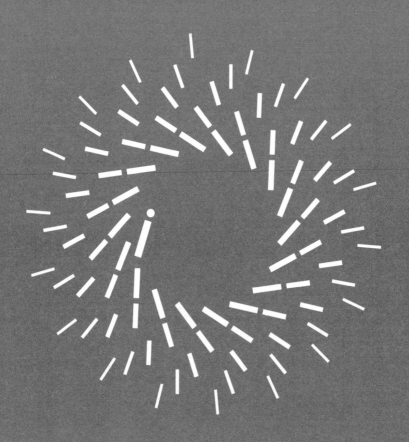

引爆IP红利

个人IP创富心法88条

水青衣　焱公子 ◎ 著